아동복지론

최애경

KNOWLEDGE COMMUNITY 공동체

머리말

아동과 그 가족에 대한 깊은 이해와 관심은 아동복지 실천의 첫걸음이다. 또한 아동이 건강하고 행복한 세상을 만들기 위한 아동복지정책과 서비스 실천분야를 이해하는 것은 아동복지를 실천하는 사회복지사와 교사의 몫이다.

가족해체와 변화, 아동학대 등 아동 관련 사고 뉴스가 많이 보도되면서 아동권리에 대한 인식과 관심이 많이 높아졌지만, 아동을 지지해 줄 수 있는 전문인력과 실천적 방안은 여전히 부족하고 진행형이다. 이를 최대한 반영하여, 아동복지의 기초적이고 전반적인 내용을 학습하도록 구성하였다.

이 책은 총 12장으로 구성하였다. 1장은 아동복지의 이해로 아동과 아동복지의 개념, 아동복지의 특성으로 구성되어 아동복지의 기초를 정립할 수 있도록 하였다. 2장은 아동권리의 이해로 아동권리의 개념, 아동권리의 내용, 아동권리의 역사, 유엔아동권리협약을 소개하여 국제협약 및 국제적 기준에 맞는 아동복지를 실천할 수 있도록 하였다. 3장은 아동복지의 발달로 한국의 아동복지 발달, 외국의 아동복지 발달로 나누어 아동복지의 발달과정을 이해할 수 있는 내용을 다루고 있고, 4장은 아동복지법과 제도로 아동복지 관련 법률, 아동복지정책과 아동복지서비스 전달체계에 대해 다룸으로써 포용국가 아동정책에 대한 이해를 돕고자 하였다. 5장부터 11장까지는 아동복지의 실천 분야인 서비스 내용을 다룸으로써 아동복지의 실제에 좀 더 쉽게 접근하게 하였다. 구체적으로 5장은 보육서비스로 보육의 개념, 보육대상 및 보육서비스의 유형, 보육정책의 변천과정, 보육서비스 내용, 아이돌봄서비스를 살펴본 후 보육서비스의 전망과 과제를 제시하였다. 6장은 장애아동 지원서비스로 장애아동의 개념, 장애아동의 현황, 장애아동 지원서비스, 장애아동 지원서비스의 개선방안으로 구성되어 있다. 7장은 빈곤아동 보호서비스로 빈곤 및 빈곤아동의 개념, 빈곤아동의 현황, 빈곤아동 보호서비스의 내용, 빈곤아동 보호서비스의 개선방안으로 구성되어 있고, 8장은 아동학대로 아동학대의 개념 및 유형, 아동학대의 원인 및 현황, 아동학대의 개입절차, 아동학대 보호서비스의 내용, 아동학대 보호서비스의 개선방안으로 구성되어 있다. 그리고 9장은 가정위탁보호와 입양으로 가정위탁보호, 입양으로 구성되어 있고, 10장은 시설보호서비스로 시설보호의 배경, 시설아동 보호 현황, 아동복지시설, 시설보호서비스의 절차 및 내용, 시설보호서비스의 개선방안으로 구성되어 있다. 11장은 다양한 가족의 아동보호서비스로 다문화가족, 한부모가족, 조손가족으로 구성되어 있다. 마지막으로 12장은 아동복지의 과제로 아동이 행복한 세상을 위한 아동복지 정책, 아동을 위한 통합적 지원체계, 돌봄 · 양육 지원 강화, 다양한 배경의 아동 및 가족에 대한 인식 개선, 쉬운 접근성 등 아동복지가 나아가야 할 방향을 점검하고 개선하기 위한 방안을 모색하고자 하였다.

출판을 앞두고 부족한 부분이 많이 보이지만 이는 저자의 역량 부족이며, 최신 정책과 통계 자료들을 담으려고 노력한 것에 만족한다.

이 책의 출간을 맡아주신 공동체 임직원님과 바쁜 일정 속에서 편집을 위해 애써 주신 편집부 직원 여러분들께 진심으로 감사드린다.

2024년 2월

저자

차 례

CONTENTS

차 례

01
CHAPTER

아동복지의 이해

1. 아동과 아동복지의 개념
2. 아동복지의 특성

01 CHAPTER

아동복지의 이해

아동복지는 사회복지의 하위 실천분야로서 아동복지를 바라보는 시각은 다양하다. 인구구조의 변화, 가족구조의 변화, 아동권리에 대한 인식의 변화 등 아동을 둘러싼 환경의 변화에 따라 현대사회에서 아동복지의 필요성과 중요성은 점점 더 높아지고 있다. 이 장에서는 아동과 아동복지의 개념, 아동복지의 특성에 대해 살펴보고 아동복지에 대한 전반적인 이해를 돕고자 한다.

1. 아동과 아동복지의 개념

1) 아동의 개념

아동복지를 이해하기 위해서는 먼저 아동에 대한 정의를 살펴볼 필요가 있다. 국립국어원 표준국어대사전에 따르면 아동을 나이가 적은 아이, 대개 유치원에 다니는 나이로부터 사춘기 전의 아이를 말한다. 우리가 일상에서 사용하고 있는 아동에 대한 의미와 교육학, 사회복지학 등에서 사용하는 아동의 의미, 법률상 정의된 아동의 의미 그리고 종교적 · 사회문화적 의미는 서로 다르다. 아동의 구체적인 개념과 범위는 전문 분야에 따라 기준이 달라진다.

여기에서는 아동의 개념을 발달적, 교육학적, 법률적 관점의 세 가지로 살펴보고자 한다.

(1) 발달적 관점에서 보는 아동

발달적 관점에 따른 아동의 정의는 주로 발달심리학에 기초하여 영아기, 유아기, 아동기, 청소년기 등의 발달단계로 세분화한다. 발달적 관점에 따른 아동의 연령 범위는 학자마다 차이가 있으나 아동기는 영아기와 유아기 이후의 시기를 말하며 약 5~12세 연령으로 규정한다(Newman & Newman, 2015).

아동은 일반적으로 언어능력이나 운동능력, 정신적·정서적인 대처능력이 부족하여 의식주를 포함한 인지적 정신적·사회적·도덕적 발달과정을 성인들에게 의존하는 보편적인 요구와 특성을 가진 존재로 본다(오미희 외, 2022).

(2) 교육학적 관점에서 보는 아동

교육학적 관점에서는 아동을 교육의 대상자로 정의하고, 학교를 중심으로 구분하는 관점이다. 교육이 중요하고 주로 학교에서 이루어지기 때문에 초등학교 취학 이전의 시기는 영유아기로, 초등학교에 다니는 시기인 만 6~12세까지의 아동은 학령기 아동으로 규정하고 있다.

(3) 법률적 관점에서 보는 아동

아동에 대한 정의는 〈표 1-1〉에서 보는 것처럼, 법률에 따라 차이가 있고 아동과 관련된 연령이 일치하지 않는다. 법의 특성에 따라 영유아, 유아, 아동, 소년, 청소년 등의 다양한 구분의 명칭을 사용하기도 하고, 연령 범위도 다소 차이가 있다. 용어 사용이 혼재되어 아동복지서비스에서 혼란이 생길 수 있고, 아동복지정책의 입안 및 실천에서 어려움이 뒤따른다. 관련 법률에서 규정하는 아동의 정의는 다음과 같다.

〈표 1-1〉 관련 법률에서 규정하는 아동의 정의

관련 법	용 어	연령 범위
아동복지법	아동	18세 미만인 사람
영유아보육법	영유아	6세 미만의 취학 전 아동
유아교육법	유아	만 3세부터 초등학교 취학 전 유아
한부모가족지원법	아동	18세 미만인 사람(취학 중인 경우에는 22세 미만)
입양특례법	아동	18세 미만인 사람
모자보건법	영유아	출생 후 6년 미만인 사람
청소년기본법	청소년	9세 이상 24세 이하인 사람
청소년복지지원법	청소년	9세 이상 24세 이하인 사람
청소년보호법	청소년	만 19세 미만인 사람
아동·청소년의 성보호에 관한 법률	아동·청소년	9세 미만의 자
민법	미성년자	19세 미만의 자
형법	형사미성년자	14세 미만의 자
근로기준법	연소자	18세 미만인 사람
도로교통법	어린이	13세 미만인 사람
	영유아	6세 미만인 사람
실종아동 등의 보호 및 지원에 관한 법률	실종아동	실종 당시 18세 미만인 아동

출처 : 국가법령정보센터(https://www.law.go.kr)에서 재구성.

아동복지 관련 법들을 보면 아동의 연령 구분이 개별 법률의 실시 목적에 따라 달리 규정되어 있어, 아동의 연령 범위에 대한 정리가 필요한 것을 알 수 있다. 유엔아동권리협약 제1조에서는 아동을 18세 미만인 자로 규정하고, 아동복지의 근간이 되는 우리나라의 「아동복지법」에서도 18세 미만을 아동으로 규정하고 있으므로, 본 서 역시 아동을 '만 18세 미만의 사람'으로 규정하고자 한다.

2) 아동기의 발달적 특성

일반적으로 0~3세 미만의 아동을 영아, 3~6세 미만의 취학 전 아동을 유아, 6~13세 미만의 자를 어린이 혹은 아동, 13~19세 미만의 자(단, 예외적인 경우 24세 이하의 자까지 인정)를 청소년이라고 구분하여 이들 모두를 아동의 범위에 포함한다. 아동기의 발달적 특성을 살펴봄으로써 아동에 대한 이해를 돕고자 한다.

(1) 영아기

영아기는 일반적으로 출생부터 만 2세까지에 해당된다. 생후 첫 2년 동안은 성장이 아주 빠른 속도로 진행되는 시기이므로 '성장급등기'라고 한다. 부모나 양육자와의 애착을 토대로 사회적 관계를 맺는 기초가 형성되는 시기이므로 세심한 보살핌이 필요하다. 감각기관과 운동기능을 통해 세상을 알아가며 부모나 양육자와의 언어적 · 비언어적 상호작용을 경험하는 시기이다.

(2) 유아기

만 3세부터 초등학교 입학 이전까지의 시기에 해당된다. 영아기에 비해 성장속도는 완만하지만 꾸준한 신체 운동 발달이 이루어진다. 인지적 능력의 발달이 활발해지고 많은 어휘를 습득하여 다른 사람과의 의사소통도 빈번해진다. 성인처럼 일상생활을 통해 여러 가지 정서적 경험을 하며, 때로는 다른 사람의 정서적 반응을 이해하려고 애쓴다.

(3) 아동기

학령기에 해당하는 아동기는 주로 6세부터 12세까지의 초등학교에 다니는 시기이다. 아동기는 가정에서 학교로 생활영역이 확대되면서 점차 부모보다는 또래와의 관계에 의미를 두며, 학교생활이 중요한 활동이 된다. 학교생활을 통해 많은 사회적 관계를 형성하게 되며, 또래 집단의 비중이 점차 커지게 된다. 친구와의 관계를 통해 사회적 기술과 대인관계 능력을 익히며 적절한 성역할이 발달된다.

(4) 청소년기

아동 후기에 해당되는 청소년기는 일반적으로는 13세부터 24세까지로 중·고등학교와 대학교 저학년까지를 포함한다. 청소년기는 아동기에서 성인기로 옮겨가는 과도기로서 모든 면에서 급격한 변화가 일어나는 시기이다. 신체적으로 급격한 성장과 변화가 일어나고 인지능력도 급속히 확대되며 자의식이 발달하고 여러 가지 심리적 변화를 겪게 된다.

3) 아동복지의 개념

아동복지는 사회복지 실천분야의 하나로서 아동복지(child welfare)는 아동(child)과 복지(welfare)의 합성어이다. 즉, 아동복지는 아동을 위한 복지를 의미한다. 여기에서는 법적 측면, 시대적 흐름, 학자, 잔여적 관점과 제도적 관점의 네 가지로 구분하여 살펴보고자 한다.

(1) 법적 측면의 아동복지 개념

법적 측면의 아동복지에 대한 개념은 아동복지법에 규정되어 있다. 「아동복지법」에서는 아동복지를 '아동이 행복한 삶을 누릴 수 있는 기본적인 여건을 조성하고 조화롭게 성장·발달할 수 있도록 하기 위한 경제적·사회적·정서적 지원'으로 정의하고 있다. 「청소년기본법」에서는 청소년이 정상적인 삶을 영위할 수 있는 기본적인 여건을 조성하고 조화롭게 성장·발달할 수 있도록 제공되는 사회적·경제적 지원으로 본다.

(2) 시대적 흐름에 따른 아동복지의 개념

아동복지의 정의는 시대적 흐름에 따라서도 변화해 왔다. 근대 이전 우리나라의 아동복지는 아동의 권리나 인격을 위한 복지라기보다는 고아나 기아 등과 같은 어려운 형편의 아동들에 대한 구제 차원의 성격이었다(오미희 외, 2022). 그러나 현대적 관점의 아동복지 정의는 과거의 치료적 · 보호적 성격의 제한적인 의미보다는 아동의 삶의 질 향상에 관심을 갖는 포괄적이고 적극적인 의미로 받아들여진다.

(3) 학자에 따른 아동복지의 개념

아동복지의 개념은 학자마다 달리 제시되고 있는데, 미국의 아동학자인 카두신과 마틴(Kadushin & Martin, 1988)은 아동복지의 개념을 좁은 의미와 넓은 의미로 구분하였다. '좁은 의미의 아동복지'는 특수한 문제를 가진 아동과 그 가족을 대상으로 사회복지기관을 비롯한 다양한 복지 주체들이 제공하는 서비스라고 설명하였다. '넓은 의미의 아동복지'는 모든 아동들의 행복 및 사회적응을 위해 신체적 · 심리적 · 사회적 발달을 돕는 모든 활동이라고 정의하였다. 메이어(Mayer, 1985)는 아동복지가 지속적인 사회체계의 하나로 아동복지 증진을 위한 사회제도이며, 사회사업 전문직의 한 분야로 정의하였다.

한편 우리나라에서는 장인협 · 오정수(2001)가 아동복지를 사회 구성원으로서 아동의 기본적인 욕구를 충족시키고 건전한 성장과 발달을 도모하기 위해 여러 가지 활동을 가능하게 하는 공적인 방법과 절차라고 정의하였다. 성영혜 · 김연진(2002)은 특수아동과 일반아동을 대상으로 모든 아동들이 가족 및 사회의 일원으로서 신체적 · 정신적 및 사회적으로 건강하게 성장 · 발달할 수 있도록 지역사회나 아동복지 분야에 있는 공 · 사립단체, 기관들이 협력하여 아동의 권리에 필요한 사업을 계획하고 실행에 옮기는 조직적 활동으로 보았다.

(4) 잔여적 관점과 제도적 관점에 따른 아동복지의 개념

사회복지의 하위체계로 볼 때 아동복지는 잔여적 관점과 제도점 관점으로 구분할 수 있다. 먼저 '잔여적 관점에 따른 아동복지'는 보호 대상 아동이나 부모 역할에 어려움을 가진 가족에게 공공 및 민간기관에서 제공하는 복지서비스를 의미한다. 이는 보호 대상 아동에게 주된 관심이 있는 선별주의적 개념으로서 좁은 의미의 아동복지 개념이다.

반면에 '제도적 관점에 따른 아동복지'는 모든 아동과 그들 가족을 아동복지의 대상으로 보는 보편주의적 개념이다. 이는 넓은 의미의 아동복지 개념이다. 현대적 아동복지의 개념은 제도적 관점 즉, 보편적 관점의 아동복지의 개념을 채택하고 있다.

4) 아동복지의 필요성 및 의의

현대사회는 도시화 · 산업화에 따라 가족구조의 변화를 가져왔다. 확대가족에서 핵가족으로의 변화뿐만 아니라 맞벌이 가족, 한부모가족, 조손가족, 다문화가족 등의 증가를 가져왔다. 이러한 가족구조의 변화는 가족기능의 변화도 초래하여 가정의 자녀양육기능 약화를 가져왔다. 이에 따라 가정에서 아동양육과 보호의 책임을 다하지 못해 다양한 아동문제를 발생시키고 있다.

또한 사회 양극화의 심화로 인하여 취약계층이 증가하게 되었고, 기혼여성의 취업 증가와 저출산 및 인구구조의 변화에 따라 가족 및 아동문제에 대한 국가와 사회의 책임이 한층 강조되기 시작하였다. 이에 따라 아동복지는 더 중요한 국가과제가 되었고, 아동권리의 중요성과 필요성에 대한 사회적 인식이 공유되었다.

좀 더 구체적으로 아동복지의 필요성과 의의에 대해 살펴보면 다음과 같다.

(1) 아동의 기본적 생활보장

인간이 자립하여 사회적 인간으로 생활하기까지에는 장기간에 걸친 보호와 양육이 필요하다. 예전에는 기본적으로 자립할 수 있을 때까지 부모와 가족에 의해 기본적 생활이 보장되었으나, 현대사회에서는 가족구조와 기능의 변화 등으로 인해 부모나 가족이 자녀 양육과 보호의 책임을 다하지 못하는 경우가 늘어나고 있다. 국가와 사회적 차원에서 모든 아동의 기본적 생활 보장과 건강한 발달을 지원하는 것은 아동복지의 중요한 의의라고 볼 수 있다.

(2) 사회문제의 예방

아동기는 인간의 성장 과정에서 중요한 시기이다. 발달단계에 있는 아동은 스스로 욕구를 충족하기 어렵고, 욕구가 충분히 충족되지 못할 때 건전한 성장과 발달이 이루어지기 힘들다. 아동기뿐만 아니라 성인이 되어서도 문제가 발생할 수 있다. 아동의 다양한 욕구를 충족시킴으로써 미래의 사회문제를 예방하고 해결할 수 있다.

(3) 국가의 미래인력 보호와 육성

아동에 대한 투자는 국가의 미래와 직결된다. 아동은 미래의 국가 경쟁력을 좌우할 수 있는 인적 자본이다. 아동이 사회구성원으로서 역할을 다할 수 있는 능력을 갖추도록 아동을 보호하고 지원하는 것은 중요하다.

2. 아동복지의 특성

아동복지의 특성을 아동복지의 이념, 아동복지의 전제조건, 아동복지의 원칙, 아동복지서비스의 유형으로 나누어서 살펴보고자 한다.

1) 아동복지의 이념

아동복지이념은 아동복지의 방향을 알려주는 좌표라고 볼 수 있다. 아동복지이념에 따라 아동복지서비스에 대한 개입방안과 실천이 달라질 수 있기 때문이다. 그만큼 아동복지이념은 중요하다. 아동복지 이념은 사회복지 이념의 측면에서 보면 하위이념이며, 아동과 관련된 사회의 가치나 신념체계를 일컫는 말로 아동복지를 이해하는데 분석틀이 되는 개념이다(김성경, 김혜영, 2022).

따라서 아동복지의 이념은 아동들의 삶의 질 개선을 위해 노력해 온 많은 사상가들의 아동관에서 찾아볼 수 있다. 특히 루소와 페스탈로치는 아동인권사상에 기초를 두고 아동도 권리의 주체임을 강조하였다. 우리나라의 어린이헌장과 국제연합의 아동권리선언에서도 아동복지 이념을 찾아볼 수 있다.

(1) 하딩의 아동복지 이념

하딩(Harding)은 아동복지 이념을 국가-가족-아동 간의 관계 특성을 기준으로 자유방임주의, 국가부권주의, 가족중심주의, 아동권리주의로 구분하였다(오미희 외, 2022; Fox Harding, 1991a; 1991b).

① 자유방임주의

자유방임주의는 아동복지에 대한 국가의 역할을 최소화한다. 국가는 아동의 부모가 아니므로 아동보호의 책임은 부모에게 우선적으로 둔다. 국가는 아동의 보호조건이 성립되지 않는 경우에만 개입한다. 따라서 이 관점은 부모의 권리를 중시하므로 자연스럽게 가부장제를 강화시킨다.

② 국가부권주의

국가부권주의는 아동보호에 관한 광범위한 국가의 개입을 인정한다.

부모-자녀 간의 생물학적 관계를 크게 강조하지 않고 부모의 양육이 부적절할 때 국가는 가족과 아동에 개입할 수 있다고 본다. 부모보다는 아동의 복지와 권리에 더 관심이 많다. 그리고 입양이나 위탁보호 등의 대리보호에 대해서 긍정적이며 입양을 아동보호를 위한 최선의 해결책으로 보는 경향이 있다.

③ 가족중심주의

가족중심주의는 가족이 아동과 부모 모두에게 중요하다고 본다. 국가는 생물학적 가족이 유지되도록 다양한 서비스와 지지 역할에 충실해야 한다는 관점이다. 가족 및 부모와 분리해서 아동을 보지 않고, 아동의 최선의 이익은 친부모에게 양육받는 것이라고 본다.

④ 아동권리

아동을 하나의 권리주체로서 성인과 동일한 자유와 자율권을 가진 독립된 존재로 본다. 아동을 의존적이고 보호대상의 관점으로 보는 것이 아니라 아동의 자기결정권과 선택권을 지닌 존재로 강조한다.

(2) 우리나라의 아동복지 이념

우리나라의 아동복지이념은 「헌법」과 「아동복지법」에 규정되어 있다.

먼저 「헌법」 제10조에서는 "모든 국민은 인간으로서의 존엄과 가치를 가지며, 행복을 추구할 권리를 가진다. 국가는 개인이 가지는 불가침의 기본적 인권을 확인하고 이를 보장할 의무를 진다."라고 명시되어 있다. 「아동복지법」 제1조에서는 "아동이 건강하게 출생하여 행복하고 안전하게 자랄 수 있도록 아동의 복지를 보장하는 것을 목적으로 한다."라고 아동복지 이념을 잘 나타내고 있다.

2) 아동복지의 전제조건

아동복지는 아동의 다양한 욕구를 충족시킬 수 있도록 지원하는 것이다. 아동복지실천을 위한 기본요소이자 고려해야 할 사항은 학자마다 약간씩 차이가 있지만, 공통적으로 제시하는 아동복지의 조건은 건강한 가정과 부모, 경제적 안정, 교육받을 권리, 노동으로부터의 보호, 건강과 안전, 놀이와 오락, 특수한 욕구를 가진 아동의 보호 등을 들 수 있다.

(1) 건강한 가정과 부모

건강한 가정환경과 부모는 아동의 발달과 성숙에 중요한 전제조건이다. 「아동복지법」에서도 "아동은 완전하고 조화로운 인격 발달을 위하여 안정된 가정환경에서 행복하게 자라나야 한다"고 규정하는 것을 볼 때, 건강하고 안정된 가정환경은 아동복지의 우선적인 전제조건임을 알 수 있다. 따라서 국가와 사회는 아동에게 안정적인 가정 및 부모역할을 수행할 수 있는 다양한 가족복지 지원을 통해 아동의 건강한 성장과 발달을 도모해야 한다.

(2) 경제적 안정

아동의 건강한 발달은 가정의 경제적 여건에 따라 영향을 받는다. 경제적으로 불안정하거나 빈곤한 가정의 아동은 신체적·정신적 건강에 부정적 영향을 받을 수 있다. 따라서 국가와 사회는 부모에게 취업 훈련 등 고용기회를 확대하고, 빈곤가정 아동을 위한 공공부조, 사회보험, 아동수당제도 등의 다양한 사회보장제도 등을 통해 가정의 경제적 안정에 도움을 주어야 한다.

(3) 교육받을 권리

「헌법」 제31조에는 "모든 국민은 능력에 따라 균등하게 교육받을 권리를 가진다". 라고 명시하여 교육권을 기본적 권리로 보장하고 있다. 그리고 「교육기본법」 제3조에는 "모든 국민은 평생에 걸쳐 학습하고, 능력과 적성에 따라 교육받을 권리를 지닌다"라고 명시하여 평생학습권을 법으로 보장하고 있다. 또한 의무교육의 확대와 취학 전 유아의 무상교육 등이 확대되어 모든 아동의 교육받을 권리를 보장하고 있다. 따라서 국가와 사회는 모든 아동에게 적절한 공교육 서비스를 지원하여 아동의 능력과 잠재력의 성장을 지원해야 한다.

(4) 노동으로부터의 보호

아동의 노동은 신체적 · 정서적 발달 등에 나쁜 영향을 미치므로 아동은 모든 노동으로부터 보호되어야 한다. 「근로기준법」과 「아동복지법」에서는 아동의 노동 금지, 유해노동 금지 등을 규정하고 있다. 15세 미만인 자와 중학교에 재학 중인 18세 미만인 자는 원칙적으로 취업을 할 수 없다고 명시하고 아동의 놀이와 교육 기회를 보장하고 있다.

(5) 건강과 안전

아동의 건강은 아동복지의 중요한 기반이다. 우리나라에서는 아동의 건강이 어머니(모성)의 건강과 밀접한 관련을 맺고 있고 그 중요성을 명시하고 있다. 「아동복지법」에서는 아동의 건강권과 아동복지에 관한 국가의 보장의무를, 「모자보건법」에서는 어머니(모성)와 영유아의 건강권과 국가의 보호를 강조하고 있다.

(6) 놀이와 오락

아동에게 놀이는 생활이며 학습과 발달에 중요한 영향을 미친다. 「UN

아동권리에 관한 국제협약」 제31조 역시 그 중요성을 감안하여 아동의 여가, 오락활동 및 문화적 활동에 대한 권리를 명시하였다. 국가와 사회는 모든 아동에게 다양한 놀이와 여가활동을 지원하여 아동의 건전한 성장과 발달을 지원해야 한다.

(7) 특수한 욕구를 가진 아동의 보호

특수한 욕구를 가진 아동의 범위는 장애아동이나 특수교육대상자뿐만 아니라 다문화아동, 북한이탈가족의 아동, 빈곤계층의 아동 등 다양한 이유로 인해 특별한 보호를 필요로 하는 아동으로 볼 수 있다. 특수한 욕구를 가진 아동의 보호는 아동복지의 중요한 전제조건이 된다. 따라서 국가와 사회는 특수한 욕구를 가진 아동을 위한 다양한 사회적 지원방안과 아동복지대책을 마련하고 있다.

3) 아동복지의 기본원칙

아동의 건전한 성장과 발달을 위해서는 다양한 아동복지정책과 아동복지서비스가 필요하고, 지켜야 할 원칙이 있다. 아동복지서비스를 실천하기 위해서 권리와 책임의 원칙, 보편성과 선별성의 원칙, 개발성의 원칙, 전문성의 원칙, 예방성과 치료성의 원칙 등이 있다(김성경, 김혜영, 2022; 민미희 외, 2022; 장인협, 오정수, 2001).

(1) 권리와 책임의 원칙

아동복지의 주체는 아동, 부모, 국가나 지방자치단체 등의 사회이다. 이 세 주체는 각자의 권리와 책임을 갖고 아동복지정책과 아동복지서비스의 목적과 효과를 달성할 수 있도록 유기적으로 상호작용하고 협력해야 한다. 아동복지의 책임은 부모뿐 아니라 국가 및 사회도 지고 있으며 아동 또한 복지의 대상이면서 주체로서 인식되어야 한다는 원칙이다(김성경, 김혜영, 2022).

첫째 모든 아동은 권리를 가지고 있는 동시에 책임도 가지고 있다. 아동은 하나의 인간으로서의 독자적인 권리를 가진다. 또한 성인의 보호만을 필요로 하는 의존적·수동적 존재가 아닌 독립적 개체로서 자신의 삶을 능동적으로 받아들이고 행동해야 하는 책임을 가진다.

둘째, 아동의 보호와 양육의 일차적 책임이 부모에게 있다는 원칙이다. 미성년자인 자녀를 돌보고 양육하는 책임이 있고 보호자 혹은 후견인으로서의 권리를 가진다.

셋째, 국가와 사회는 사회생활의 질서를 유지하고 아동복지를 증진시킬 권리와 책임을 가진다. 국가는 아동복지정책 개발과 대책을 수립할 권리와 책임이 있다. 국가는 의무교육을 통해 아동의 교육권을 보장하고, 아동이 부모로부터 적절한 보호와 양육을 받지 못하는 경우 적극적으로 개입하여 조치를 취해야 책임이 있다.

(2) 보편성과 선별성의 원칙

보편성의 원칙은 모든 아동들을 대상으로 급여나 서비스를 동일한 수준에서 제공하는 것으로 기회균등적인 개념에 기반을 둔다. 무상의무교육, 아동수당 등이 해당된다. 선별성의 원칙은 아동복지실천에서 조건이나 기준을 정하고 대상과 사업을 제한하는 원칙을 말한다. 선별성의 원칙에 의한 급여와 서비스는 일시적·보충적·잔여적 성격이 강하고 시혜적이다. 빈곤가정의 아동, 장애아동 등으로 범주화해서 서비스를 제공하는 것이 해당된다. 아동복지는 보편주의 원칙과 선별주의 원칙이 모두 다 적용된다. 그동안 우리나라의 아동복지는 선별주의적 시각에 치우쳐 왔지만, 현재는 모든 아동을 대상으로 하는 보편적 아동복지의 방향을 지향하며 예방서비스에도 집중하고 있다.

(3) 개발성의 원칙

아동을 미래 인적 자원으로 보고 아동의 능력과 잠재력을 최대한 발휘하도록 지원하는 것을 말한다. 발달상의 편차가 심한 장애아동이나 우수한 아동, 양육환경이 결여된 곳에서 자라는 시설아동이나 빈곤가정의 아동을 주 대상으로 그들의 발달을 극대화하도록 지원하는 것이다.

(4) 포괄성의 원칙

아동복지의 기본 전제가 되는 요소인 경제, 교육, 보건, 주택, 노동 등에 대한 프로그램이나 서비스가 포괄적으로 제공되어야 한다. 정부의 아동 관련 정책과 서비스 역시 포괄적이고 통합적으로 접근되어야 한다.

(5) 전문성의 원칙

급격한 사회변화와 가정환경의 변화에 따라 아동 문제 역시 다양하고 복잡하게 나타난다. 아동의 건전한 성장과 발달을 위해서는 전문적인 접근을 통한 아동복지서비스가 필요하고, 전문적인 지식과 기술을 갖춘 전문인력의 양성이 필요하다.

(6) 예방성과 치료성의 원칙

아동복지에서 아동의 문제를 사전에 방지하고 가능한 문제가 발생하지 않도록 하는 것이 중요하다. 예방조치와 함께 문제를 조기에 확인하고 진단하고 치료할 수 있는 것을 강조한다. 가족의 기능 강화와 함께 아동에게 적절한 교육, 건강, 영양서비스 제공 등이 예방적 접근의 대표적인 사례이다.

4) 아동복지서비스의 유형

아동복지서비스는 아동에게 제공하는 서비스를 말한다. 아동복지 영역에서 아동에게 다양한 서비스를 제공하며 아동서비스의 유형 역시 다양하다.

아동복지서비스는 서비스대상에 따라 보호아동과 일반아동을 위한 아동복지서비스, 서비스 제공 장소에 따라 재가서비스와 가정 외 서비스로, 서비스 수행기능에 따라 지지적 · 보충적 · 대리적 서비스 등으로 분류된다.

(1) 서비스대상에 따른 분류

아동복지의 대상은 기본적으로 모든 아동이다. 아동복지의 대상은 모든 아동이지만 우선적으로는 특별한 도움이 필요한 아동이며 그 다음으로는 일반아동이다. 그리고 이차적으로 모든 아동의 부모와 가족이 된다(이소희, 2021). 「아동복지법」에 따르면 만 18세 미만의 모든 아동이 적용대상이지만, 아동보호와 양육의 1차적 책임이 부모에게 있기 때문이다.

사회복지의 대상 분류 기준인 선별주의와 보편주의 원칙을 적용할 경우 아동복지의 가장 우선적인 대상인 보호대상아동과 일반아동으로 구분된다. 1961년에 제정된 「아동복리법」에서 요보호아동을 보호하는 소극적 아동복지서비스에서 1981년에 「아동복지법」으로 개정하면서 모든 아동의 건전한 발달과 성장을 아동복지의 목표로 삼았고, 아동복지의 대상은 모든 아동으로 확대되었다.

① 보호대상아동

보호대상아동이란 보호자가 없거나 보호자로부터 이탈된 아동 또는 보호자가 아동을 학대하는 경우 등 그 보호자가 아동을 양육하기에 적당하지 아니하거나 양육할 능력이 없는 경우의 아동을 말한다(「아동복지법」 제3조). 넓은 의미로는 빈곤이나 부모의 수감 · 실직 등으로 경제적 · 정서적 어려움 등을 겪고 있거나 어려움에 처할 위험이 높은 취약 아동을 포괄하는데, 빈곤가족아동, 저소득 한부모 · 조손가구 부모의 수감 · 알코올중독 · 약물중독 등으로 인해 방임되거나 방임 위기에 있는 아동, 저소득 다문화가정 아동 등이 포함된다.

보호대상아동은 요보호아동, 특별한 도움이 필요한 아동과 같은 의미로도 사용되고 있으며, 보호대상아동을 위한 서비스로는 가정위탁 및 입양서비스, 다문화가정아동서비스, 한부모가정아동 보호서비스, 시설보호서비스, 장애아동보호서비스 등이 있다. 참고로 「아동복지법」에서는 아동이 조화롭고 건강하게 성장하는 데에 필요한 기초적인 조건이 갖추어지지 아니하여 사회적 · 경제적 · 정서적 지원이 필요한 아동을 지원대상아동으로 규정한다.

② 일반아동

일반아동이란 가정에서 보호받는 것 이외에 다른 특별한 보호를 받지 않아도 되는 아동으로 최근에는 모든 아동을 말한다. 일반아동을 위한 아동복지는 보편주의 원칙에 따른 것으로, 다양한 아동문제의 사전 예방적 관점에서 이루어진다. 모든 아동을 대상으로 다양한 발달적 욕구와 아동권리를 충족시키려는 목적으로 국가와 사회의 책임을 강조한다. 모든 아동에 대하여 동일한 수준의 서비스 혜택이 이루어지므로 막대한 재정이 필요하며 부모교육 및 가족기능 강화사업, 무상급식, 아동수당 등의 다양한 사업이 포함된다.

(2) 서비스 제공 장소에 따른 분류

아동복지서비스를 직접적으로 제공받는 아동이 어느 장소에서 생활하고 있는지에 따라 분류하는 방법이다.

① 재가서비스

아동이 생활하던 자신의 원가정에서 생활하면서 서비스를 제공받는 것이다. 즉 여러 가지 도움이 필요한 아동들을 그의 가정에서 분리하여 시설에 수용하지 않고 지역사회에서 일상생활을 위한 서비스를 제공하는 것을 의미한다. 다문화가정, 맞벌이가정 등 가족의 구조적 결손은 없지만 심각한 스트레스나 가족의 역기능의 위험요소가 있을 때나 한부모가정이나 조손가정 같은 구조적 결손과 가족기능의 문제가 있는 경우에 제공하는 서비스이다. 방문재활서비스, 방문교육 및 상담서비스, 부모상담 및 교육서비스 등이 해당된다.

② 가정 외 서비스

아동이 원가정을 일정 기간 또는 영구적으로 시설이나 다른 위탁가정에서 생활하면서 양육 및 보호서비스를 제공받는 것이다. 또한 원가정에서 생활하지만 특정 시간 동안 가정 외 시설이나 기관에서 양육 및 보호와 교육을 받는 경우이다. 가정위탁서비스, 입양서비스, 시설보호서비스가 해당되며. 맞벌이 가정의 경우 부모 모두가 직장생활을 하는 동안 어린이집이나 양육시설에서 서비스를 제공받는 경우가 포함된다.

(3) 서비스 기능에 따른 분류

서비스 기능에 따른 분류는 아동의 발달적 욕구 충족을 위한 가족의 기능과 역할 중 어떠한 기능에 대한 서비스를 제공하느냐에 따라서 분류하는 방식이다(송정애, 2023).

카두신과 마틴(Kadusin & Martin, 1998)은 아동복지의 서비스를 기능에 따라 지지적 서비스(supportive service), 보충적 서비스(supplementary service), 대리적 서비스(substitute service)로 구분하였고 3S모델로 구분하였다. 아동양육기능의 1차적 책임은 부모에게 있으며 부모가 아동양육의 책임을 다하지 못할 때 그 정도에 따라 국가나 사회가 부모의 양육을 보완하거나 대리할 수 있다는 시각이다.

① 지지적 서비스

부모와 아동이 그들 각자의 책임을 다할 수 있도록 그들의 능력을 지원하고 강화시키고자 하는 서비스이다. 지지적 서비스는 자기 집에 살고 있는 아동을 위해 제공되기 때문에 재가복지서비스에 해당되며,

아동의 성장발달을 위하여 가족기능을 회복, 향상시키고 가족문제를 예방하기 위한 접근 방법이다.

지지적 서비스는 스트레스나 위기에 처한 가족 및 아동뿐만 아니라, 일반가정아동을 대상으로 건강한 가족기능 유지와 향상을 위한 서비스도 포함한다. 지지적 서비스의 방법에는 가족상담 및 가족치료, 부모교육, 개별사회사업서비스, 집단상담사업 등이 있다. 지지적 서비스 제공기관으로는 건강가정지원센터, 아동상담소, 가족상담소, 정신보건센터 등이 있다.

② 보충적 서비스

부모역할의 일부를 보조하는 서비스로 부모의 보호, 양육의 질이 부적절하거나 제약이 있을 때 이를 보충할 수 있도록 제공되는 서비스이다. 여러 여건에 의해 부모나 가족의 힘만으로는 아동 양육을 하기 어려운 경우 가정 및 가족의 형태를 그대로 유지하면서, 부적절하고 부족한 부모의 자녀양육 역할을 대행하거나 도와주는 것이다. 즉, 부모의 사망 · 이혼 · 별거 · 유기 등으로 부모역할 수행이 어려운 경우, 교도소 수감, 질병, 직업상의 이유로 한시적으로 부모역할 수행이 어려울 때 제공되는 서비스이다.

보충적 서비스 방법으로는 경제적 지원을 위한 사회보험 · 공공부조를 통한 경제적 지원서비스, 가사조력서비스, 장애아동보호서비스, 다문화가정아동지원서비스 등이 있으며, 서비스 제공기관으로는 공공기관, 건강가정지원센터, 어린이집, 다문화가족지원센터, 장애인복지관, 지역아동센터 등이 있다.

③ 대리적 서비스

부모가 역할을 전적으로 수행할 수 없거나 가정의 기능이 상실되거나 존재하지 않아 부모역할의 전부를 제3자가 대신하여 맡는 경우이다. 아동이 속한 원가정이 해체되어 일시적 또는 영구적으로 아동에 대한 보호 및 양육 등이 수행되지 못하는 경우에, 제3의 가정이나 시설이 기능을 대신하는 서비스를 제공하는 것이다(오미희 외, 2022). 대리적 서비스프로그램에는 가정위탁서비스, 입양서비스, 시설보호서비스 등이 있고, 아동이 받을 수 있는 서비스제공기관으로는 가정위탁지원센터, 입양상담소, 아동일시보호시설, 아동양육시설, 공동생활가정 등이 있다.

이외에도 아동복지사업이 수행되는 방어선의 위치에 따라 아동복지서비스를 설명하기도 한다(Zuckerman, 1983). 주커만은 3차 방어선을 제시하였는데 1차 방어선은 가정 내 서비스, 2차 방어선은 가정서비스, 3차 방어선은 시설보호서비스가 해당된다. 각각의 방어선은 카두신의 3S모형과 유사한 맥락에서 이해 가능하다.

1차 방어선 (가정 내 서비스)	2차 방어선 (대리가정서비스)	3차 방어선 (시설보호서비스)
↓	↓	↓
가정의 기능을 유지강화하는 상담 및 교육, 보육서비스 등	대리부모를 통해 안정적 생활 유지 · 강화하는 가정위탁보호 및 입양서비스 등	일반가정은 물론 대리가정보호가 어려운 경우의 집단보호 및 치료서비스 유형 등

▌그림 1-1▐ 주커만의 방어선 위치에 의한 분류

출처 : 오미희 외(2022).

생각 더하기

1. 아동복지 관련 법률마다 아동의 용어와 연령범주가 다르다. 관련 부처 역시 다양하다. 현재처럼 그대로 두는 것이 좋을지, 통일해야 할지 토론해 보자.

2. 아동기 발달 특성을 이해하는 것은 어떤 도움을 줄 수 있는지 토론해 보자.

02

CHAPTER

아동권리의 이해

1. 아동권리의 개념
2. 아동권리의 내용
3. 아동권리의 역사
4. 유엔아동권리협약

02 CHAPTER

아동권리의 이해

근대사회에 이르기까지 아동은 아동의 권리는 보호받지 못하거나 소극적으로 보호되어 왔다. 그러나 20세기에 들어서면서 수동적인 보호의 대상에서 독립된 인격을 가진 능동적인 권리의 주체로서의 아동에 대한 관심과 더불어 아동권리가 본격적으로 강조되기 시작하였다.

이 장에서는 아동권리의 보편적 개념을 살펴보고 UN아동권리선언 및 UN아동권리에 관한 국제협약, 대한민국 어린이 헌장 및 청소년 헌장을 통해 아동권리의 구체적 내용을 살펴보고자 한다.

1. 아동권리의 개념

아동은 인간의 존엄성에 기초한 인간이라는 특성과 발달단계상 아직 자라고 있고 성인이 될 때까지 보호받아야 할 존재라는 특성을 동시에 가진다. 즉, 아동권리(Child rights)는 아동이 인간으로서 가지는 절대적 권리와 자유에 더해 생애시기적 특성에 비춰볼 때 특별한 보호와 배려를 받을 권리를 의미한다.

또한 아동권리란 아동이 인간으로서 누려야 할 기본적인 권리이자, 아동이 사회의 구성원으로서 가지는 권리로도 볼 수 있다. 아동에게 최선의 이익을 보장해 주고, 차별금지, 의사표현 및 실질적 참여가 권리존중의 기본이 된다. 「UN아동권리협약」에서는 아동권리를 만 18세 미만의 자가 향유·행사하는 권리로 규정한다.

2. 아동권리의 내용

아동권리는 권리의 주체에 따라 수동적 권리와 능동적 권리로 구분되고, 「UN 아동권리에 관한 국제협약」에 따른 생존, 보호, 발달, 참여의 권리로 나눌 수 있다. 또한 아동권리의 내용은 3P 개념으로도 설명된다. 아동권리의 내용을 좀 더 구체적으로 살펴보면 다음과 같다.

1) 수동적 권리와 능동적 권리

아동권리는 아동의 발달적 특성을 고려하여 수동적 권리와 능동적 권리의 두 가지 요소를 동시에 가진다. 먼저, 수동적 권리는 아동이 부모나 다른 성인(부모 외 양육자), 지역사회, 국가 등으로부터 수동적으로 보호와 양육을 제공받을 권리가 있는 것을 말한다. 능동적 권리는 아동이 권리의 주체로서 아동 스스로 자신의 의견을 주장하고 결정하며 참여하는 권리이다.

2) 생존, 보호, 발달, 참여의 권리

유니세프에서는 「UN 아동권리에 관한 국제협약」의 아동권리를 다음의 네 가지의 권리로 제시하였다.

첫째, 생존의 권리(Survival Rights)는 생명을 유지하며 적절한 생활 수준을 누릴 권리, 안전한 주거지에서 살아갈 권리, 충분한 영양을 섭취하고 기본적인 보건서비스를 받을 권리 등 기본적인 삶을 누리는 데 필요한 권리를 의미한다.

둘째, 보호의 권리(Protection Rights)는 차별 대우로부터의 보호와 학대와 방임으로부터 보호받을 권리를 의미한다.

셋째, 발달의 권리(Development Rights)는 교육받을 권리와 전인격적인 성장을 위해 놀이와 여가를 즐기고 다양한 사회적 관계를 맺을 권리를 의미한다.

넷째, 참여의 권리(Participation Rights)는 자신과 관련된 모든 일에 대해 자신의 의견을 적극적으로 표현할 수 있는 권리를 의미한다.

3) 아동권리의 3P 개념

아동이 갖는 권리의 내용은 제공, 보호, 참여의 세 가지 요소로 설명할 수 있다(오미희 외, 2022; 장인협, 오정수, 1993). 첫째, 제공의 권리는 아동이 필요로 하는 인적·물적 자원의 제공과 이것을 사용할 권리이다. 아동에 대한 이름, 국적, 보건, 교육, 여가 및 문화활동을 즐길 권리 등이 포함된다. 둘째, 보호의 권리는 아동이 위해한 행위로부터 보호받아야 한다는 것이다. 문제를 가진 부모로부터의 격리와 성적·정신적 학대 등으로부터 보호받을 권리이다. 셋째, 참여의 권리는 아동이 자신의 인생에 중요한 영향을 미치는 결정에 대해 알 권리를 의미한다. 친권상실, 이혼, 입양 등의 아동의 동의가 필요한 의사결정에 아동의 의사가 존중되어야 한다.

3. 아동권리의 역사

1) 국외 아동권리의 역사

과거에는 아동의 권리가 주목받지 못했고 아동 자체에도 관심이 없었다. 중세에는 아동을 조그만 성인으로 인식하였고 노동력의 일부로만 인식하였다. 20세기 초에 이르러서야 아동을 보호하는 것에 관심을 기울이고 아동보호의 중요성을 인식하기 시작하였다. 1924년에는 아동권리와 관련한 첫 번째 국제조약인 '아동권리에 관한 제네바 선언'을 채택하였다. 1948년에 유엔에서 채택한 '세계인권선언'은 사람으로서 가진 기본적인 권리가 존중받아야 함을 세계 최초로 인정하였고, 출산하는 시기와 아동기에는 특별하게 보호받고 도움을 받을 자격이 있다는 점을 명시하였다. 1959년의 '유엔아동권리선언'은 UN이 세계인권의 내용을 보완하고 확대한 아동 고유의 인권선언이다. '아동권리에 관한 제네바 선언'의 내용을 확대하여 아동권리를 계속 인정하는 방향으로 나아갔다. 이 두 가지 선언은 법적 구속력을 갖고 있지는 않지만, 아동의 권리와 인권을 지속적으로 보장하기 위한 유엔아동권리협약의 발판이 되었다(윤매자, 권정미, 김동욱, 박민지, 정정란, 이화명, 2023). 유엔은 1979년을 '세계 아동의 해'로 정하였고, 1989년에 '유엔아동권리협약'을 채택하여 아동의 이익과 권리를 법적으로 인정하였다. 다음은 아동권리와 관련된 중요한 변천 과정이다.

- 1924년 : 아동권리에 대한 제네바 선언
- 1948년 : 세계인권선언
- 1959년 : 유엔아동권리선언
- 1979년 : 세계아동의 해
- 1989년 : 유엔아동권리협약

2) 우리나라 아동권리의 역사

서구사회와 마찬가지로 우리나라도 아동을 인격을 가진 한 사람으로 여기지 않았다. 소파 방정환 이전에 아동은 '児童'이라는 한자의 뜻에서 볼 수 있듯이 아동은 미숙하고 연약한 존재로 여겨졌다. 그러나 방정환은 아동에 대한 사랑과 보호의 정신을 가지고 어린이라는 이름을 만들었다. 그가 5월 5일을 어린이날로 정해 아동권리옹호 운동을 시작한 것이 우리나라의 아동권리에 대한 본격적인 관심의 시작이라고 볼 수 있다.

1923년 우리나라 최초의 아동권리선언으로 아동의 인격적 독립, 노동 금지, 가정이나 사회에서 아동의 놀 권리를 보장하는 '어린이 권리공약 3장'이

발표되었고, 1957년에 '대한민국 어린이헌장'이 발표되었다. 어린이헌장은 어린이를 미래의 민족 · 국가의 주체로 보고 그들의 교육과 건강을 보살피고자 하는 목적에 의해 제정된 국가적으로도 의미 있는 발걸음이다.

1989년에 유엔총회에서 '유엔아동권리협약'을 채택하여 국제사회에서 아동을 권리의 주체자로 인정하였다. 따라서 우리나라에서도 국제법인 유엔아동권리협약에 가입하여 협약의 내용을 준수할 의무를 갖게 되었다. 1990년에는 '청소년헌장'이 제정 · 공포되어 청소년의 주체적인 삶과 자율적인 참여를 보장하고 청소년이 누려야 할 기본적인 권리와 책임을 제시하였다.

한편 2019년 7월에 '아동권리보장원'이 출범되어 유엔아동권리협약 이행 및 아동의 권익 향상과 아동정책에 대한 종합적인 수행과 아동복지 관련 사업의 효과적인 추진을 위하여 필요한 정책의 수립을 지원하고 사업평가 등의 업무를 수행하고 있다. 주요 기능은 아동정책 연구 및 지원, 아동보호체계에 대한 기술지원, 아동학대 예방사업의 활성화, 가정위탁사업의 활성화, 지역 아동복지사업 및 아동복지시설의 원활한 운영을 위한 지원, 아동 관련 조사 및 통계 구축, 아동 관련 교육 및 홍보, 아동 관련 해외정책 조사 및 사례분석 등이다.

4. 유엔아동권리협약

유엔아동권리협약(Convention on the Rights of the Child)은 아동은 어른과 다른 특별한 이해와 권리를 가지며 특별한 보호가 필요하다는 점을 반영하여, 1989년 11월 유엔총회에서 만장일치로 채택되었다. 유엔 가입국 중 미국을 제외한 196개국이 비준하여 가장 많은 국가가 비준한 국제인권 협약이다. 아동이 누려야 할 모든 권리를 담은 유엔아동권리협약은 각 나라에서 아동의 상황을 개선하는 노력의 기반이 된다.

이 협약은 비차별, 아동 이익 최우선, 생존·발달, 아동 의견 존중으로 구성된 4대 기본 원칙하에 생존·발달·보호·참여 등 아동의 권리를 규정한 국제인권협약이다.

1) 협약의 내용

유엔아동권리협약은 전문과 54개 조항으로 구성된다. 제1조부터 42조까지는 실제적인 아동권리 내용을, 제43조부터 54조까지는 협약의 이행에 대한 내용을 담았다. 모든 권리들은 서로 연관되어 있고 모두 똑같이 중요하다. 아동권리협약을 보완하는 3개의 선택의정서도 있다. 선택의정서는 아동권리협약을 보완하며 무력분쟁과 아동매매, 성매매를 통한 아동성착취와 아동성착취물로부터 아동보호, 아동의 개인청원절차를 포함한다.

유엔아동권리협약의 내용은 다음 〈표 2-1〉과 같다.

〈표 2-1〉 유엔아동권리협약의 내용

구 분	내용 및 조항
일반원칙	• 아동차별금지의 원칙(제2조) • 아동 이익 최우선의 원칙(제3조) • 아동의 생존·발달·보호의 원칙(제6조) • 아동의 의견 존중(제12조)
시민적 권리와 자유	• 이름과 국적(제7조) • 신분의 유지(제8조) • 표현의 자유(제13조) • 사상, 양심 및 종교의 자유(제14조) • 결사 및 집회의 자유(제15조) • 사생활의 보호(제16조) • 정보접근권(제17조) • 고문 및 기타 비인도적 취급을 받지 않을 권리(제37조 제1항)

가정환경 및 대안 양육	• 부모의 지도와 책임(제5조, 제18조 제1항, 제2항) • 부모로부터의 분리(제9조) • 가족의 재결합(제10조) • 아동을 위한 양육비 회수(제27조 제4항) • 가정의 보호를 받지 못하는 아동(제20조) • 입양(제21조) • 불법 해외 이송 및 미귀환(제11조) • 아동학대, 유기 및 신체적·심리적 회복과 사회복귀(제19조, 제39조) • 양육 및 보호기관에 대한 심사(제25조)
기초보건 및 복지	• 보건서비스(제24조) • 장애아동(제234조) • 사회보장 및 아동보호시설(제26조, 제18조 제3항) • 생활수준(제27조 제1, 2, 3항)
교육, 여가 및 문화적 활동	• 교육(제28조) • 교육의 목표(제29조) • 여가, 오락 활동 및 문화적 활동(제31조)
특별 보호 조치	• 법적 분쟁상의 아동 : 소년형사행정(제40조), 자유박탈된 아동(제37조 제 2, 3, 4항), 아동에 대한 사형 및 종신형 금지(제37조 제1항), 사회복귀 지원(제39조) • 착취 상황 하의 아동 : 경제적 착취 금지(제32조), 마약(제33조), 성적 착취와 학대금지(제34조)

2) 협약의 기본 원칙

(1) 차별금지의 원칙

차별금지의 원칙 즉 비차별의 원칙은 모든 아동이 동등한 권리를 누려야 한다고 본다. 모든 아동은 본인과 부모, 후견인의 인종, 피부색, 성별, 언어, 종교, 정치적 의견, 출신, 재산, 장애 여부, 태생, 신분 등과 관계없이 동등한 권리를 누려야 한다.

(2) 아동 이익 최우선의 원칙

아동에게 영향을 미치는 모든 것을 결정할 때는 아동의 이익을 최우선으로 고려해야 한다는 원칙이다.

(3) 아동의 생존과 발달권의 원칙

아동이 특별히 생존과 발달을 위해 즉, 아동이 안전하게 살아가고 건강하게 성장하기 위해 다양한 보호와 지원을 받아야 한다는 원칙이다.

(4) 아동의견 존중의 원칙

아동은 자신에게 영향을 주는 것에 대해 의견을 말할 수 있고 존중받아야 한다는 원칙이다. 아동은 자신의 잠재능력을 최대한 발휘할 수 있도록 적절한 사회활동에 참여할 기회를 갖고, 자신의 생활에 영향을 주는 일에 대해 의견을 말할 수 있어야 하며 그 의견을 존중받아야 한다.

3) 우리나라의 협약 이행

협약에 비준한 국가들은 협약의 내용을 준수해야 할 의무를 가진다. 아동권리협약은 아동에 관한 모든 정부 조치의 주요 기준이다. 협약을 비준함으로써 국가는 협약에 포함된 권리의 완전한 실현을 위해 "모든 적절한 입법, 행정 및 기타 조치"를 수행할 것을 약속하는 것이다.

협약 제2조에 따르면 당사국은 아동 또는 그의 부모나 후견인의 인종, 피부색, 성별, 언어, 종교, 정치적 또는 기타의 의견, 민족적, 인종적 또는 사회적 출신, 재산, 무능력 출생 또는 기타의 신분에 관계 없이 그리고 어떠한 종류의 차별 없이 이 협약에 규정된 권리를 존중하고, 각 아동에게 보장하여야 한다.

따라서 협약 비준 후 2년 이내, 그 이후에 5년마다 국가보고서를 제출하고 유엔아동권리위원회는 보고서를 심의하고 그에 대해서 제안 및 권고를 할 수 있다. 즉 협약에서 규정하고 있는 권리가 보장되고 있는지 점검하여 이행 상황 보고서를 제출해야 한다(협약 제44조). 보고서는 유엔아동권리위원회의 지침에 따라 협약 이행을 위한 일반조치, 아동의 정의, 일반원칙, 시민적 권리와 자유, 아동에 대한 폭력, 가정환경 및 대안 양육, 장애, 기초보건 및 복지, 교육, 여가 및 문화활동, 특별보호조치 등 총 9개 영역에 대한 이행 결과로 이루어진다. 아동권리 보장과 실현을 위해 현재까지 6차에 걸쳐 협약 이행에 관한 국가보고서를 제출했고, 2019년에 유엔아동권리위원회의 심의를 받았다. 유엔아동권리위원회는 대한민국 국가보고서에 대한 최종견해를 통해 최종견해에 담긴 권고들이 이행될 수 있도록 적절한 조치를 취할 것을 권고하고 있다.

생각 더하기 어린이 인권 도서 소개(주제 : 아동의 권리)

나는 집에 가기 싫어요	소년사진신문사 글 · 기타하라 아스카 그림 · 강물결 옮김
	뉴스에서 아동학대를 당한 아이들 이야기가 끊이지 않고 들려오고 있습니다. 아동학대 때문에 사망한 아이들도 있고요. 이 책에도 아버지에게 폭행을 당하고, 엄마에게 제대로 돌봄을 받지 못하는 아이들이 나옵니다. 다행히 그 아이들 곁에는 아이들이 다치지 않도록 관심 있게 지켜보는 아주머니가 있습니다. 아이 중 누군가가 아버지로부터 폭행을 당했을 때는 이야기를 들어주고 아이의 안전을 위해 도움을 주기도 하지요. 그리고 아주머니는 이렇게 얘기해요. 아이들은 위험으로부터 보호받아야 할 권리가 있고, 그러므로 곤란한 일이 있을 때는 누군가에게 털어놓아야하며, 그래야 해결방법을 찾을 수 있다고요.
그 공 차요	박규빈 글 · 그림
	방 한편에 작은 조각들이 쌓여있고, 그 옆에 앉은 아이는 바느질로 조각들을 이어 붙여 축구공을 만듭니다. 그런데 어디선가 '그 공 차요!'라는 소리가 들려오고 아이는 바느질하고 있던 공을 힘껏 차지요. 공은 쓰레기더미를 뒤지는 아이에게로 가고, '그 공 차요!' 라는 소리를 들은 소녀 또한 신나게 공을 찹니다. 이후 공은 카카오농장에서 일하는 아이, 재봉틀 앞에 앉아있는 아이, 전쟁터에서 총을 들고 싸우는 아이에게로 갑니다. 아이는 군복을 벗고 공을 차면서 달려 운동장의 골대 앞에 서게 돼요. 이 책은 어려운 가정 형편 때문에 학교에 가는 대신 일을 하는 아이들에 대한 이야기를 하고 있어요.

놀면서 배우는 어린이 인권 수업	이자벨 필리오자, 프랑스 마리 페로 글 · 젤다 종크 그림 · 이희정 옮김
	제목처럼 놀이를 하면서 자연스럽게 어린이 인권을 배우고 이해할 수 있도록 돕는 워크북이에요. 색칠하기, 퍼즐, 미로 찾기, 스티커 붙이기, 글쓰기, 그림 그리기 등 어린이들이 흥미롭게 활동할 수 있는 창의적 활동이 소개되어 있어요.
나는 야, 분홍왕자	시 : 김이삭 외 14인 · 율라 그림
	〈나는야, 분홍 왕자〉에는 열다섯 명의 시인들이 어린이 인권에 관해 쓴 동시 51편이 실려있다. 친구와 가족 사이에서 일어나는 인권 침해를 다룬 시도 있고, 일상에서 생기는 편견과 차별을 이야기한 시도 있다.

03
CHAPTER

아동복지의 발달

1. 한국의 아동복지 발달
2. 외국의 아동복지 발달

03 CHAPTER

아동복지의 발달

이 장에서는 아동복지의 발달과 변천과정을 국가별로 살펴보고자 한다. 먼저 우리나라의 아동복지 발달과정을 살펴보고 영국, 미국, 스웨덴, 일본 등의 외국의 아동복지 발달과정을 알아보고자 한다. 아동복지의 이념, 대상, 내용, 서비스 형태 등 아동복지와 관련된 정책들은 시대적 상황과 그 시대의 아동관에 따라 영향을 받는다. 따라서 아동복지 발달과정을 시대별로 살펴봄으로써 우리나라의 아동복지 방향성과 시사점을 찾아보고자 한다.

1. 한국의 아동복지 발달

1) 근대 이전의 한국 아동복지

근대 이전의 아동은 빈곤으로 인한 방임, 유기 등의 대상이었고 질병이나 장애를 가진 아동의 생존권은 더 박탈되기도 하였다. 근대 이전의 우리나라 아동복지는 인간으로서의 존엄성을 가진 존재로서의 아동권리나 아동복지라기보다는 고아나 기아 등과 같은 어려운 형편의 아동들에 대한 구체 차원의 성격이 강했다.

(1) 삼국시대

삼국사기에 의하면 신라 3대 유리왕 때에 '환과고독노병(鰥寡孤独老病)'이라고 하여 홀아비, 과부, 고아, 자식 없는 사람, 늙은이, 병든 이 등과 같은 사람을 구제의 대상으로 보고 관에서 무료급식과 양육을 했다. 백제 온조왕 33년과 고구려 태조왕 56년에는 아동을 포함하여 재해를 당한 사람들에게 관곡을 배급하였다.

(2) 고려시대

고려시대는 불교국가였기 때문에 불교의 기본정신인 자비사상에 입각하여 고아, 기아. 빈곤아동들을 사찰에서 수용하거나 위탁하여 승려로 양성하는 일이 빈번했다. 민간에서도 고아를 양육하여 양자녀나 노비로 삼기도 했지만, 고아에 대한 인신매매나 약탈과 인신매매 등이 성행하기도 하였다. 성종 13년(994년)에는 왕명에 의해 10세까지의 나이 어린 고아는 관에서 수용·양육하고 10세가 지나면 본인의 희망에 따라 거주하도록 하였다. 이것이 우리나라 최초의 수용·보호사업의 시작이라고 볼 수 있다. 충목왕 3년(1347년)에 관립의 영아원으로 볼 수 있는 해아도감을 설치하였다.

(3) 조선시대

조선시대에는 고아, 기아, 빈곤 아동에 대한 법령이 만들어지는 발전된 시기였다. 정조 7년(1783년)에 왕명에 의하여 흉년을 당하여 걸식하거나 버려진 아이들의 구호방법을 규정한 법령인 '자휼전칙'을 만들었다. 유기 및 부랑, 걸식아동 등에 관한 수용·보호에 대해 국가적으로 제도화했다는 점에서 의의가 있다.

2) 근대의 한국 아동복지

근대의 아동복지는 조선시대 말부터 일제 강점기를 거쳐 광복 이전까지의 기간에 해당된다. 조선시대 말에서는 서양 선교사들이 포교활동의 일환으로 자선사업과 육아사업을 실시하였다. 이는 우리나라의 수용시설 중심의 아동보호를 발전시키는 계기가 되었다. 1880년에 프랑스 신부에 의해 최초의 고아원이 개설되었고, 1906년에 이필화에 의해 세워진 한국인 최초의 고아원인 해성고아원이 설립되었다. 1921년 총독부는 제생원이라는 수용시설을 설립하고 1932년에는 각종 구호사업의 지휘감독을 담당하는 사회과를 신설하였다. 그리고 1939년에는 60개의 시설이 전국적으로 설치되었다.

일본은 1944년에 「조선총독부 구호령」을 제정하여 생활이 빈곤한 임산부와 65세 이상자 및 신체장애인, 13세 이하의 아동을 대상으로 가택구호를 원칙으로 하였다. 그러나 2차세계대전의 여파로 구호활동을 제대로 하지도 않았고 명목적인 것에 그쳤다. 일제 강점기의 아동복지사업은 대체로 식민지 지배를 수월하게 하기 위한 통치수단이었다.

3) 현대의 한국 아동복지

현대사회의 아동복지는 해방 이후부터 현재까지의 기간에 해당된다. 이 시기를 사회구호 차원의 아동복지, 선별적 아동보호, 보편적 아동복지의 지향, 보편적 아동복지의 단계로 구분하여 살펴보고자 한다.

(1) 사회구호 차원의 아동복지(1945~1960)

해방 이후 한국전쟁을 거치면서 수많은 전쟁고아, 기아, 부랑아가 발생하여 이들을 위해 국내·외 민간 단체에서 많은 아동보호시설을 설립하여 응급처치와 임시구호적 차원의 아동복지사업을 실시하였다. 1950년대 말까지 계속된 아동복지정책은 전쟁고아, 피난민, 이재민을 위한 시설수용과 아동보호 중심의 구호사업이 많은 비중을 차지하였다. 1960년에 아동복지시설이 사회복지시설의 80%를 차지할 만큼 수용시설 중심의 아동보호사업이 급속히 증가하였다. 이 시기는 국가주도의 제도화된 정책이 아닌, 민간 및 외국의 재정 원조에 의해 운영되는 사회구호사업이 대부분이었다.

(2) 선별적 아동복지(1961~1980)

외국 원조기관의 철수와 지원감소에 따라 국가의 보조가 더 늘어났고, 요보호아동을 대상으로 한 선별주의에 기반한 아동복지사업이 추진되었다. 1961년 「생활보호법」, 「아동복리법」이 제정되어 보호 대상 아동문제에 대한 국가책임의 원칙이 처음으로 법제화되었다. 아동복리법에 기초하여 요보호 아동을 위한 시설수용 보호, 후원사업, 해외입양 등의 사업이 확대되었다. 1976년 「입양특례법」을 제정하여 국내입양사업을 적극적으로 시행하였다. 이 시기의 아동복지는 일반아동보다도 요보호아동을 중심으로 하는 선별주의에 입각한 아동복지 시기라고 볼 수 있다.

(3) 보편적 아동복지의 지향(1980년대 이후~2000년)

산업화와 경제성장으로 인하여 모든 아동을 대상으로 하는 보편주의적 아동복지사업이 추진되었다. 1981년 「아동복리법」을 전면 개정하여, 요보호아동뿐만 아니라 모든 아동의 복지 증진과 아동이 가진 문제해결과 동시에 건전하게 자랄 수 있도록 하는 지원을 목적으로 「아동복지법」이 제정되었다. 1990년에는 '유엔아동권리협약'에 가입하여 국제기준에 맞는 아동복지서비스를 이행하고 점검하게 되었다. 1991년에 「영유아보육법」의 제정으로 보육 관련 내용은 「아동복지법」에서 분리되었고 모든 아동을 위한 보편적 보육서비스 제공의 기반을 마련하였다.

(4) 보편적 아동복지(2000년대 이후~현재)

2004년 민간 주도의 빈곤아동지원사업인 위스타트(We Start)가 시작되었고, 같은 해 「영유아보육법」의 전면 개정으로 보육서비스의 질적 향상을 도모하였다. 2008년 다문화가족이 우리 사회의 구성원으로서 순조롭게 통합될 수 있도록 지원하기 위한 「다문화가족지원법」이 제정되었고, 2014년에는 「아동 학대 범죄의 처벌 등에 관한 특례법」이 제정되었다.

2000년대 이후에는 사회적 환경의 변화와 추세를 반영한 법안들의 제정으로 보편주의에 입각한 아동복지서비스의 전문화와 다양화를 추구하게 되었다. 2019년에는 아동권리 보장과 실현을 위해 중앙정부 차원에서 아동 관련 서비스를 총괄하는 아동권리보장원이 설립되었다. 2000년대 이후 우리나라의 아동복지는 발전기로 볼 수 있다. 참고로 우리나라의 아동복지 발달과정을 도표화하면 다음과 같다.

〈표 3-1〉 우리나라 아동복지의 발달과정

구 분	내용 및 조항
보호의 이념	사회구호 → 선별주의, 보편주의
책임의 주체	가족책임 → 국가책임
보호의 형태	시설보호 → 가정과 지역사회 보호
보호시설의 크기	집단적 대규모 수용보호 → 소규모 수용보호
다양성	단순한 수용보호 → 다양한 형태의 분화된 서비스
전문성	비전문적 서비스 → 전문화된 서비스
보호 대상	일부 보호대상 아동 → 모든 아동

출처 : 정익중 · 오정수(2021).

2. 외국의 아동복지 발달

고대 사회는 영아 살해, 유기가 빈번히 이루어졌고 아동의 인신매매 역시 활발히 행해지는 시기였다. 아동을 인격과 권리를 가진 존재라기보다는 종족 보존의 수단이나 소유물로 여겼다. 중세 시대 역시 아동을 성인의 축소판이나 군사력 · 경제력의 확보 수단으로 여겼으나 근대에 들어서면서 철학적 측면에서 코메니우스, 루소, 페스탈로치 등의 철학자들에 의해 아동을 바라보는 시각이 달라졌다. 또한 산업혁명으로 인해 발생된 다양한 사회문제의 해결책으로 아동복지에 대한 관심이 파급되었고, 아동을 독자적인 존재로 보는 인식이 확산되었다. 20세기에 들어서는 아동을 권리를 가진 개별적 존재라고 인식하게 되었다. 외국 주요국을 중심으로 아동복지의 발달에 대해서 살펴보면 다음과 같다.

1) 영 국

(1) 아동복지역사

영국은 1601년「엘리자베스 구빈법」을 제정하여 세계 최초로 국가의 구빈책임을 규정하였다. 빈곤, 노동문제가 사회문제화되면서 성인뿐만 아니라 요보호아동에 대한 아동보호의 원칙을 세우고 아동복지에 대한 국가의 책임을 규정하였다. 1802년 공장법으로 아동의 노동시간을 제한하였다.

1945년「가족수당법」제정을 통해 부모의 사회 · 경제적 지위에 관계 없이 한 가정에 자녀가 둘 이상인 경우 16세 미만의 아동에게 매주 수당을 지급했다. 1948년「아동법」의 제정을 통해 아동복지를 제도화하였다. 고아, 부모가 돌볼 능력이 없거나 돌보지 않는 모든 아동에 대해 지방정부가 부모의 역할을 담당해야 한다고 규정하였다. 1974년 가족수당제도의 개선책으로「아동수당법」을 제정하여 모든 아동을 대상으로 지급하였다. 1989년「아동법」의 개정을 통해 분산되었던 아동복지 관련 법을 하나로 정리하여 아동의 안전과 복지를 위한 부모의 책임과 지방정부의 역할을 명시하였다.

(2) 아동복지정책

아동을 위한 영국의 아동복지서비스 정책은 다음과 같이 설명된다.

첫째, 영국은 가정의 경제적 수준에 관계 없이 16세 미만의 모든 아동을 대상으로 하는 아동급여인 '아동수당'을 지급한다. 첫 번째 자녀에게 더 많은 혜택을 준다.

둘째, 영국은 19세기 이후 탈시설화의 영향으로 보호 대상 아동을 위한 서비스는 시설보호보다는 '가정위탁보호'를 선호한다.

셋째, '아동보건 감시 서비스'라는 아동의 건강보호를 위한 프로그램을 운영하며 지역사회 기초보건보호팀이 가정을 방문하거나 지역사회 보건시설을 방문하여 아동을 관리하고 가정을 지원한다.

넷째, 임신 중인 태아와 가족을 대상으로 '슈어 스타트'를 실시하여 가난하고 소외된 아동을 지원하고 있다.

2) 미 국

(1) 아동복지역사

미국의 아동복지는 초기에 종교단체에 의해 시작되었으나, 1850년 이후 시설보호가 아동의 건전한 발달에 도움을 주지 못한다고 여겨 가정에서의 보호를 모색하기 시작하였다. 1853년 위탁가정서비스를 실시한 최초의 기관인 뉴욕아동구호협회가 빈곤가정 아동의 위탁사업을 실시하였다. 위탁가정아동 운동은 아동의 의식주와 자립의 기회를 제공해 줄 가정을 찾아 연결해 주는 것에만 초점을 두었다.

1895년 「아동노동법」이 제정되어 14세 이하의 아동에 대한 근로 금지, 야간 작업 금지, 노동시간을 제한했다. 1909년 제1차 백악관회의에서 루즈벨트 대통령이 부모역할과 가정생활의 중요성을 언급하고, 아동복지에 대한 국가적 책임을 강조하였다. 1935년「사회보장법」의 제정으로 아동복지체계가 마련되었다. 미국은 나라의 특성상 중앙집권적이 아닌, 각 주를 단위로 아동복지제도가 다양하게 발전하였다.

(2) 아동복지제도

아동을 위한 미국의 아동복지서비스 정책은 다음과 같이 정리할 수 있다.

첫째, 미국의 대표적 아동복지정책은 저소득가정의 아동에게 다양한 서비스를 지원하는 'Head Start'를 들 수 있다. 아동의 인지 · 언어발달 서비스,

의료 · 치과 · 정신보건 서비스, 영양 및 사회서비스의 내용이 포함되며 학업성취도와 청소년기의 문제발생률을 감소시키는 효과가 있었다.

둘째, 아동을 위한 소득보장정책은 공공부조법인 TANF(Temporary Assistance to Needy Families)가 대표적이다. 모든 아동보다도 저소득 가정의 아동에 초점을 두고 있으며 모든 아동을 대상으로 하는 아동수당제도가 없다. 현금지급 위주로 단순히 소득을 보전하는 데에만 주력하는 종전의 방식이 자립보다는 오히려 의존을 불러일으켰다는 반성에서 비롯되었다.

셋째, 영국의 영향을 많이 받은 미국은 국가의 개입을 최소화하거나 비개입을 원칙으로 한다. 이에 따라 시설보호보다는 가정보호를 지향하고, 가정위탁과 입양이 활발하다.

3) 스웨덴

(1) 아동복지역사

1853년 「구빈법」이 제정되면서 체계적인 구빈제도가 확립되어 구빈에 대한 국가의 책임을 명시하였다. 스웨덴의 구빈법은 영국으로부터 많은 영향을 받아 영국의 구빈법과 비슷하였다. 원칙적인 구빈은 15세 이하의 아동과 병자, 폐질환자인 노동무능력자가 대상이었고, 점차 지원서비스를 확대해 나갔다. 근대화가 가속되면서 스웨덴에서도 여러 가지 사회문제가 불거졌고, 1881년 「노동금지법」을 제정하여 아동들을 노동력 착취로부터 보호하였다.

1924년 「아동복지법」이 제정되어 독립적인 법에 의해 아동이 보호받게 되었다. 1930년대 세계 경제 공황을 전후하여 아동, 임산부, 학교급식을 국가가 지원하였고, 1948년 아동수당이 도입되었다. 저출산에 대한 대책으로 국가가 자녀양육과 교육에 많은 직 · 간접적 지원을 하고 있다.

(2) 아동복지제도

스웨덴의 아동복지정책은 보편주의를 강조한다. 아동복지제도는 가족정책 중심의 다양한 아동복지서비스를 제공하고 있다. 대표적인 아동정책인 아동수당제도가 있고 부모보험부조, 부양대출, 아동연금 등 아동복지를 위한 재정적 지원이 활발한 편이다. 그리고 국가차원에서의 아동복지정책들이 1990년대에 더욱 활성화되어 실시되고 있다. 공보육시설 확충을 통한 영유아보육서비스의 확대, 육아휴직제도 강화 등 다양한 보육정책들이 실시되고 있다. 또한 보호를 필요로 하는 아동을 위한 위탁아동보호사업 등이 운영되고 있다.

4) 일 본

(1) 아동복지역사

2차세계대전 이후의 혼란과 빈곤으로 인해 고아 및 비행청소년이 많이 발생되어 이들을 위한 구제사업과 민간주도의 구호사업이 이루어졌다. 1947년 「아동복지법」이 제정되어 요보호아동뿐만 아니라 모든 아동의 건전한 성장과 발달을 도모하였다.

1965년 「모자보건법」, 1975년 「아동수당법」 제정 등 아동 관련 다양한 법을 제정하여 실행하고 있다. 일본도 우리나라처럼 심각한 저출산 문제를 경험하고 있기에 보육지원을 강화하고 있다. 학교부적응 문제, 비행 및 청소년 범죄 등 다양한 문제 역시 발생되고 있으므로 이들을 위한 적극적인 서비스를 지원하고 있다.

(2) 아동복지제도

일본의 아동을 위한 아동복지서비스 정책은 다음과 같이 정리할 수 있다.

첫째, 일본의 아동복지제도는 보호대상아동 중심에서 일반 아동의 건전

육성이라는 국가적 차원의 제도를 만들어 가고 있다.

둘째, 아동을 양육하고 있는 사람에게 아동수당을 지급하여 가정생활의 안정과 아동의 건전한 성장과 발달을 돕고 있다.

셋째, 출생률의 급격한 감소를 뜻하는 저출산율을 극복하기 위해 부모를 위한 양육지원정책 즉 보육서비스가 강화된 엔젤플랜 등 저출산대응책을 마련하였다.

생각 더하기

1. 영국, 미국, 스웨덴, 일본의 아동복지정책의 장 · 단점을 이야기해 보자.
2. 우리나라의 아동복지 관점에 대해 토론해 보자.

04

CHAPTER

아동복지법과 제도

1. 아동복지 관련 법
2. 아동복지정책
3. 아동복지서비스 전달체계

CHAPTER 04

아동복지법과 제도

아동복지 관련 법, 아동복지정책, 아동복지전달체계는 서로 밀접히 관련된다. 아동복지 관련 법은 아동복지정책을 실천하는 중요한 근거와 기초이며, 아동복지정책은 아동복지서비스를 달성하기 위한 계획 · 활동 · 실천의 원칙이다. 아동복지서비스 전달체계는 아동복지 급여와 서비스가 전달되는데 관련되는 조직적인 체계이다. 이 장에서는 아동복지가 효율적으로 이루어지기 위한 전제조건인 아동복지 관련 법, 아동복지정책, 아동복지서비스 전달체계에 대해서 구체적으로 살펴보고자 한다.

1. 아동복지 관련 법

아동복지 관련 법은 아동복지정책과 활동을 보장하기 위한 사회적 책임을 명문화한 것으로 아동복지사업 실시의 근거가 된다. 아동복지 관련 법은 아동 및 그 가족의 보호와 직 · 간접적으로 관련이 있는 법을 의미한다. 아동복지 관련 법률의 기초는 「헌법」이며 이에 근거해 「사회보장기본법」과 「사회복지법」이 있다. 아동복지의 기본법은 기본법인 「아동복지법」과 「아동복지특별법」으로 구분되며, 특별법은 직접관련 법률과 간접관련 법률로 나뉜다. 우리나라의 아동복지 관련 법률체계는 다음 〈표 4-1〉과 같다.

〈표 4-1〉 아동복지 관련 법률체계

<table>
<tr><th colspan="2">구 분</th><th>법 률</th><th>주요 내용</th></tr>
<tr><td colspan="2">아동복지기본법</td><td>아동복지법</td><td>아동복지에 관한 기본사항</td></tr>
<tr><td rowspan="15">아동복지
특별법</td><td rowspan="6">직접관련법률</td><td>영유아보육법</td><td>영유아보육</td></tr>
<tr><td>한부모가족지원법</td><td>한부모가족복지</td></tr>
<tr><td>입양특례법</td><td>입양절차 등</td></tr>
<tr><td>모자보건법</td><td>모자보건</td></tr>
<tr><td>실종아동보호지원법</td><td>실종아동보호</td></tr>
<tr><td>저출산·고령사회기본법</td><td>저출산대책</td></tr>
<tr><td rowspan="9">간접관련법률</td><td>국민기초생활보장법</td><td>빈곤가정아동,
소년소녀가정아동 지원</td></tr>
<tr><td>긴급복지지원법</td><td>위기가정 아동 긴급지원</td></tr>
<tr><td>청소년기본법</td><td>청소년복지의 기본사항</td></tr>
<tr><td>청소년보호법</td><td>청소년보호</td></tr>
<tr><td>사회복지사업법</td><td>사회복지사업과 시설운영</td></tr>
<tr><td>소년원법</td><td>비행소년</td></tr>
<tr><td>보호관찰법</td><td>비행청소년 보호관찰</td></tr>
<tr><td>장애인복지법</td><td>장애아동의 복지</td></tr>
</table>

출처 : 정익중 · 오정수(2021). 아동복지론.

여기서는 아동과 관련되는 법 중 「아동복지법」, 「영유아보육법」, 「한부모가족지원법」, 「청소년기본법」에 대해 구체적으로 살펴보고자 한다.

1) 아동복지법

「아동복지법」은 아동의 복지증진을 위한 여러 정책을 수립하고 집행하는데 법적 근거가 되는 기본법이다. 아동이 건강하게 출생하여 행복하고 안전하게 자랄 수 있도록 아동의 복지를 보장함을 목적으로 제정되었다. 주요 내용은 다음과 같다.

(1) 기본 이념

기본 이념으로 성별, 연령, 종교, 사회적 신분, 재산, 장애 유무, 출생 지역, 인종 등에 따른 차별금지, 안정된 가정환경에서 행복하게 자라나야 할 권리, 아동 이익의 최우선 원칙, 아동의 권리보장과 복지증진을 위하여 법에 따른 보호와 지원받을 권리 등이 있다.

(2) 적용 대상

- 18세 미만인 사람으로 보호대상아동, 지원대상아동, 피해아동 등 모든 아동과 그 아동의 가정을 포함한다.

(3) 책무

- 국가와 지방자치단체는 아동복지정책의 수립 및 시행 및 홍보, 원가정 보호 원칙, 장애아동 권익 보호, 부모교육 지원 등의 책무를 갖는다.
- 아동의 보호자는 아동의 성장단계에 맞는 양육, 학대 금지의 책무를 가지고, 모든 국민은 아동의 권익, 안전 존중 및 건강한 양육의 책무가 있다.

(4) 아동에 대한 보호서비스 및 아동학대의 예방 및 방지

- 시 · 도지사 또는 시장 · 군수 · 구청장은 보호대상아동을 발견하거나 보호자의 의뢰를 받은 때에는 아동의 최상의 이익을 위하여 아동에 대한 보호서비스를 제공해야 한다.
- 국가와 지방자치단체는 피해아동의 발견 및 보호를 위해 아동학대의 예방 및 방지 조치를 취하여야 한다.

(5) 아동에 대한 지원서비스

- 아동 안전 및 건강지원, 취약계층 아동 통합서비스 지원 및 자립 지원, 방과 후 돌봄서비스 지원 등이 포함된다.

(6) 아동복지시설

- 아동보호전문기관, 가정위탁지원센터, 아동복지시설 등의 설치 · 운영에 관한 내용으로 구성된다.

2) 영유아보육법

영유아보육법은 영유아의 심신을 보호하고 건전하게 교육하여 건강한 사회 구성원으로 육성함과 아울러 보호자의 경제적 · 사회적 활동이 원활하게 이루어지도록 함으로써 영유아 및 가정의 복지 증진에 이바지함을 목적으로 1991년에 제정되었다.

(1) 적용 대상

7세 이하의 취학 전 영유아로, 필요시 만 12세까지 포함한다.

(2) 보육 이념

영유아의 이익 최우선 원칙, 안전하고 쾌적한 환경, 차별금지를 포함한다.

(3) 책임

국가와 지방자치단체는 영유아 보육의 책임, 어린이집 확보, 보육교직원의 양성, 근로 여건 개선 및 권익 보호 등에 대한 책임이 있다.

(4) 어린이집 설치

국공립어린이집, 사회복지법인어린이집, 법인 · 단체등 어린이집, 직장어린이집, 가정어린이집, 협동어린이집, 민간어린이집 등의 어린이집 설치와 관련된 내용으로 구성된다.

(5) 보육교직원

보육교직원의 배치, 직무, 자격, 보수교육, 책무, 임면 등이 포함된다.

(6) 어린이집의 운영

어린이집의 운영기준, 보육시간, 어린이집 평가, 어린이집 생활기록 등의 내용을 포함한다.

(7) 건강 · 영양 및 안전

건강관리 및 응급조치, 어린이집 안전공제사업 등, 예방접종 여부의 확인, 치료 및 예방조치, 급식 관리, 어린이집 차량안전관리, 등 · 하원 시 영유아 안전관리, 어린이집 위생관리 등이 있다.

(8) 비용

무상보육, 양육수당, 보육서비스 이용권 등의 내용으로 구성된다.

3) 한부모가족지원법

한부모가족지원법은 한부모가족이 안정적인 가족기능을 유지하고 자립할 수 있도록 지원함으로써 한부모가족의 생활 안정과 복지증진에 이바지함을 목적으로 한다.

(1) 적용 대상

모자가족 또는 부자가족을 말하는 한부모가족이 적용 대상이며, 다음의 어느 하나에 해당하는 자로서 아동인 자녀를 양육하는 자

가. 배우자와 사별 또는 이혼하거나 배우자로부터 유기된 자

나. 정신이나 신체의 장애로 장기간 노동능력을 상실한 배우자를 가진 자

다. 교정시설 · 치료감호시설에 입소한 배우자 또는 병역복무 중인 배우자를 가진 사람

라. 미혼자(사실혼 관계에 있는 자는 제외한다)

마. 가목부터 라목까지에 규정된 자에 준하는 자로서 여성가족부령으로 정하는 자

(2) 복지의 내용과 실시

- 복지 급여의 내용 : 국가나 지방자치단체는 생계비, 아동교육지원비, 아동양육비, 그 밖에 대통령령으로 정하는 비용이 있으면 복지 급여를 실시하여야 한다.
- 고용촉진 및 지원연계, 가족지원서비스, 청소년 한부모에 대한 교육지원 및 자립지원 등
- 한부모가족복지시설 : 출산지원시설, 양육지원시설, 생활지원시설, 일시지원시설, 한부모가족복지상담소

4) 청소년관련 법

(1) 청소년기본법

① 목적

청소년기본법은 청소년의 권리 및 책임과 가정 · 사회 · 국가 · 지방자

치단체의 청소년에 대한 책임을 정하고 청소년정책에 관한 기본적인 사항을 규정함을 목적으로 한다.

② 적용대상

청소년 즉 9세 이상 24세 이하인 사람이다.

③ 기본 이념

- 청소년이 사회구성원으로서 정당한 대우와 권익을 보장받음과 아울러 스스로 생각하고 자유롭게 활동할 수 있도록 하며, 보다 나은 삶을 누리고 유해한 환경으로부터 보호될 수 있도록 함으로써 국가와 사회가 필요로 하는 건전한 민주시민으로 자랄 수 있도록 하는 것이다.
- **추진 방향** : 청소년의 참여 보장, 창의성과 자율성을 바탕으로 한 청소년의 능동적 삶의 실현, 청소년의 성장 여건과 사회 환경의 개선, 민주 · 복지 · 통일조국에 대비하는 청소년의 자질 향상을 추진한다.

④ 주요 내용

청소년정책, 청소년시설, 청소년지도자, 청소년단체, 청소년활동 및 청소년복지, 청소년육성기금 등으로 구성한다.

(청소년상담사)

제22조 여성가족부장관은 청소년상담사 자격검정에 합격하고 청소년상담사 연수기관에서 실시하는 연수과정을 마친 사람에게 청소년상담사의 자격을 부여한다.

제23조 청소년시설과 청소년단체는 대통령령으로 정하는 바에 따라 청소년육성을 담당하는 청소년지도사나 청소년상담사를 배치하여야 한다.

제24조

①「교육기본법」 제9조에 따른 학교(이하 "학교"라 한다)는 청소년육성에 관련되는 업무를 수행할 때에 필요하면 청소년지도사나 청소년상담사를 채용할 수 있다.

(2) 청소년보호법

① 목적

청소년보호법은 소년에게 유해한 매체물과 약물 등이 청소년에게 유통되는 것과 청소년이 유해한 업소에 출입하는 것 등을 규제하고 청소년을 유해한 환경으로부터 보호·구제함으로써 청소년이 건전한 인격체로 성장할 수 있도록 함을 목적으로 한다.

② 적용대상

청소년은 만 19세 미만인 사람을 말하며, 단 만 19세가 되는 해의 1월 1일을 맞이한 사람은 제외한다.

③ 주요 내용

청소년유해매체물의 결정 및 유통 규제, 청소년유해약물 등, 청소년유해행위 및 청소년유해업소 등의 규제, 청소년보호위원회 등의 내용으로 구성한다.

(3) 소년법

① 목적

소년법은 반사회성이 있는 소년의 환경 조정과 품행 교정을 위한 보호처분 등의 필요한 조치를 하고, 형사처분에 관한 특별조치를 함으로써 소년이 건전하게 성장하도록 돕는 것을 목적으로 한다.

② 적용대상

소년은 19세 미만인 자이다.

③ 주요 내용

보호사건, 조사심리, 보호처분, 형사사건, 비행예방 등으로 구성한다.

5) 건강가정기본법

(1) 목적

「건강가정기본법」은 건강한 가정생활의 영위와 가족의 유지 및 발전을 위한 국민의 권리 · 의무와 국가 및 지방자치단체 등의 책임을 명백히 하고, 가정문제의 적절한 해결방안을 강구하며 가족구성원의 복지증진에 이바지할 수 있는 지원정책을 강화함으로써 건강가정 구현에 기여하는 것을 목적으로 한다.

(2) 기본이념

가정은 개인의 기본적인 욕구를 충족시키고 사회통합을 위하여 기능할 수 있도록 유지 · 발전되어야 한다.

(3) 정의

- 가족 : 혼인 · 혈연 · 입양으로 이루어진 사회의 기본단위이다.
- 가정 : 가족구성원이 생계 또는 주거를 함께 하는 생활공동체로서 구성원의 일상적인 부양 · 양육 · 보호 · 교육 등이 이루어지는 생활단위로, 1인가구는 1명이 단독으로 생계를 유지하고 있는 생활단위를 말한다.
- 건강가정 : 가족구성원의 욕구가 충족되고 인간다운 삶이 보장되는 가정이다.
- 건강가정사업 : 건강가정을 저해하는 문제(이하 가정문제)의 발생을 예방하고 해결하기 위한 여러 가지 조치와 가족의 부양 · 양육 · 보호 · 교육 등의 가정기능을 강화하기 위한 사업이다.

(4) 주요 내용

건강가정정책, 건강가정사업, 건강가정전담조직 등으로 구성한다.

2. 아동복지정책

1) 아동복지정책의 개념

아동복지정책은 사회복지정책의 한 분야이므로 아동복지정책은 아동과 그 가족을 대상으로 하는 사회복지정책으로 볼 수 있다. 따라서 아동복지정책은 아동복지서비스가 나아가는 방향의 좌표로 볼 수 있다. 아동복지에 대한 국가의 성격과 이념은 아동복지정책의 목표를 설정하는 데 영향을 준다. 아동복지정책은 아동복지 관계법을 기반으로 아동복지가 실천될 수 있도록 방향을 결정하고 구체적 방침을 결정하는 체계적 원칙이다(이소희, 2021). 따라서 아동복지정책은 아동과 그 가족의 건강한 삶을 보장하기 위한 활동 및 복지정책에 대한 원칙과 지침으로 볼 수 있다.

2) 우리나라의 아동복지정책

지금까지 우리나라의 기존 아동복지정책은 보호대상아동에 대한 시설보호 중심의 선별주의적 정책접근과 개입으로 이루어져 왔다. 그리고 가정을 벗어나 도움이 필요한 아동에 대한 개별적 서비스 위주로 이루어졌다. 그러나 저출산고령화 시대의 아동복지정책에서는 보호대상아동, 취약아동으로부터 더 나아가 일반아동의 보편적 이익을 실현할 수 있는 적극적이고 보편주의적 접근과 개입이 당연시되고 있다.

이를 위해 보건복지부는 가족유지 및 지원정책, 대체가정 서비스 정책, 아동보호서비스 등 다양한 아동 관련 사업을 추진하고 있다. 보호가 필요한 아동에 대한 보호조치, 보호자로부터 이탈된 아동에 대해 건전한 가정을 영구적으로 제공하는 가정입양 지원, 가정위탁 보호, 공동생활가정(그룹홈) 운영, 아동 급식, 드림스타트센터, 디딤씨앗통장(아동자산형성), 지역아동센터 등 다양한 사업을 실시하고 있다.

한편 우리나라의 아동복지정책은 아동정책 기본계획에 근거한다. 아동정책 기본계획은 아동복지법 제7조에 따라 5년 단위로 아동정책 목표와 기본방향, 주요 추진과제를 수립하고 중앙부처 · 지자체 공동으로 시행 · 관리하는 중기정책으로 국가 아동정책의 질적 제고를 목적으로 수립한다.

우리나라는 아동정책의 효율적인 추진을 위해 5년마다 관계부처(보건복지부장관, 관계 중앙행정기관의 장 및 시 · 도지사) 합동으로 '아동정책 기본계획'을 수립하고 추진하고 있다. 제1차 기본계획(2015~2019)에 이어 2020년 8월 발표된 제2차 아동정책 기본계획(2020~2024)의 목표는 '아동 권리의 존중 및 실현', '아동이 현재 행복을 누릴 수 있는 환경조성'으로, 아동이 행복하고 건강하게 자라날 수 있는 정책 추진 방향을 제시하고 있다.

제2차 아동정책 기본계획의 정책 대상은 우리나라에 거주하는 외국 아동을 포함 18세 미만의 모든 아동을 포함한다. 제2차 아동정책 기본계획은 중앙정부 및 지방자치단체의 아동 관련 모든 정책, 즉 아동의 발달주기에 따라 직 · 간접적으로 고려되어야 하는 가족 · 보육 · 교육 · 문화 · 여가 · 체육 · 건강 · 안전 · 복지 · 산업 등 모든 영역을 포괄할 수 있도록 아동정책 기본계획을 수립한다. 제2차 아동정책 기본계획의 의의와 주요 내용은 다음과 같다.

- **권리주체로서 아동권리 실현** : 일상에서 아동행복, 아동권리 등 아동 최우선 원칙이 적용될 수 있도록, 권리주체로서 아동 패러다임을 강화하고, 아동 참여 · 의견 청취 · 부모교육 등 각종 정책에 아동 중심 관점을 강조한다.
- **건강하고 균형 있는 발달 지원** : 다양한 자유활동을 통해 미래 문제해결 역량을 기르고, 신기술 상용화 및 뉴미디어 등장에 따라 예측되는 부정적 영향을 최소화하는 등 아동의 건강한 발달을 위한 정책지원을 강조한다.
- **공정한 출발 국가책임 강화** : 보호대상아동이 아동중심의 관점에서 보호받을 수 있는 제도를 마련하고, 보호체계의 공공성 확보를 강조한다.
- **코로나19 대응 아동정책 혁신** : 코로나19 확산(2023. 3. WHO 팬데믹 선

언)에 따른 사회 · 환경변화를 고려하여 가정양육 역량을 강화하고, 재난상황을 감안한 아동보호 · 돌봄체계 확충을 강조한다.

제2차 아동정책기본계획 목표와 추진전략, 추진과제

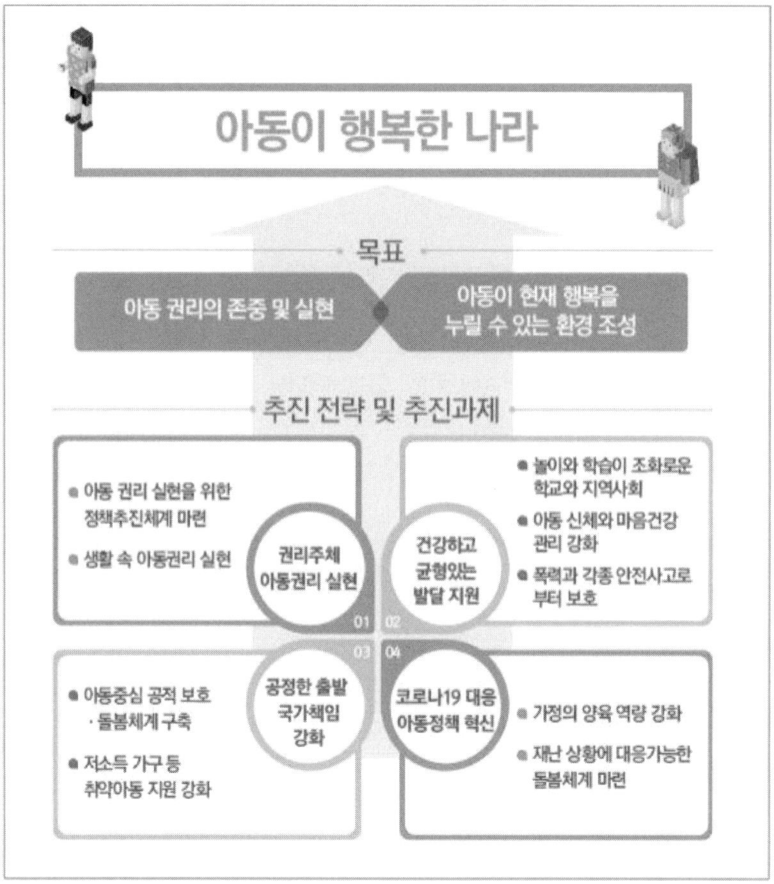

| 그림 4-1 | 아동정책기본계획 목표와 추진전략, 추진과제

출처 : 보건복지부(2023a).

3) 사회보장 차원의 아동복지정책

사회보장 차원의 아동복지정책은 사회보장제도로 나타난다. 「사회보장법」에 따르면 사회보장제도는 출산 · 양육 · 질병 · 장애 · 노령 · 실업 · 빈곤 · 사망 등의 사회적 위험으로부터 모든 국민을 보호하고 국민 삶의 질을

향상시키기 위하여 제공되는 사회보험, 공공부조, 사회복지서비스 및 관련 복지제도를 말한다.

(1) 사회보험

사회보험은 기본적으로 미래에 발생하는 사회적 위험을 보험의 방식으로 대처함으로써 국민의 건강과 소득을 보장하는 제도를 말한다. 사회보험은 민영보험처럼 사고가 발생한 경우, 가입자에게 발생하는 위험을 분산하고 사고에 따르는 가계비를 사회적으로 상호 부담하는 국가에 의한 강제적 보장제도를 의미한다. 국민연금과 국민건강보험, 고용보험법, 산업재해보상보험법과 노인장기요양보험이 해당된다. 사회보험의 법적 근거는 다음과 같다.

- 국민연금법은 국민의 노령 · 폐질 또는 사망에 대하여 연금급여를 실시함으로써 국민의 생활안정과 복지증진에 기여함을 목적으로 연금이 도입되어 노후의 기본적인 생활을 위한 토대가 마련되었다.
- 국민건강보험법은 국민의 질병 · 부상에 대한 예방 · 진단 · 치료 · 재활과 출산 · 사망 및 건강증진에 대하여 보험급여를 실시함으로써 국민건강을 향상시키고 사회보장을 증진함을 목적으로 제정되었다.
- 고용보험법은 실업의 예방, 고용의 촉진 및 근로자의 직업능력의 개발과 향상을 꾀하고, 국가의 직업지도와 직업소개 기능을 강화하며, 근로자가 실업한 경우에 생활에 필요한 급여를 실시하여 근로자의 생활안정과 구직 활동을 촉진함으로써 경제 · 사회 발전에 이바지하는 것을 목적으로 제정되었다.
- 산업재해보상보험법은 근로기준법의 재해보상제도를 기초로 하여 보험급여를 통한 재해보상제도를 꾸준히 발전시켜 왔다.
- 노인장기요양보험법은 고령이나 노인성 질병 등의 사유로 일상생활을 혼자서 수행하기 어려운 노인 등에게 제공하는 신체활동 또는 가사활동

지원 등의 장기요양급여에 관한 사항을 규정하여 노후의 건강증진 및 생활안정을 도모하고 그 가족의 부담을 덜고자 하는 취지로 제정되었다.

(2) 공공부조

국가와 지방자치단체의 책임하에 생활 유지 능력이 없거나 생활이 어려운 국민의 최저생활을 보장하고 자립을 지원하는 제도를 말한다. 공공부조는 생활능력이 없는 국민에게 국가의 책임 하에 직접 금품을 제공하거나 무료혜택을 주는 제도로서 국민의 최저생활을 보장하는 최후의 안전망 기능을 수행하는 제도이다. 공공부조의 기본적인 특징은 조세를 재원으로 하며, 자산조사에 의한 개별적인 욕구의 측정과 확인을 근거로, 빈곤한 사람에게 부족한 만큼의 생계는 보충해 준다는 점에서 생존권의 논리에 기초한다. 생계급여, 의료급여, 주거급여, 교육급여가 해당되는데, 아동수당과 양육수당이 아동을 위한 공공부조의 대표적인 예이다.

① 아동수당

아동수당은 아동에게 아동수당을 지급하여 아동 양육에 따른 경제적 부담을 경감하고 건강한 성장환경을 조성함으로써 아동의 기본적 권리와 복지의 증진을 목적으로 2018년 제정된 아동수당법에 의해 지급되기 시작하였다. 지원대상은 만 8세 미만~모든 아동(0~95개월)을 대상으로 취학 여부와 관계없이 현금입금 원칙으로 아동 1인당 월 10만원을 지급한다(보건복지부, 2023a). 아동수당제도는 보호대상아동 위주의 기존의 선별주의적 입장이 아니라, 보편적 서비스의 확대에 대한 정책적 요구의 반영으로 볼 수 있다.

② 양육수당

국가와 지방자치단체는 어린이집이나 유치원을 이용하지 않는 영유아에 대하여 영유아의 연령을 고려하여 양육에 필요한 비용을 지원할 수 있다.

(3) 사회서비스

사회복지서비스는 종래의 사회보장체계에서 일반적으로 사회사업으로 불리던 것들이 사회복지서비스 또는 사회서비스로 변경된 것이며, 각 사업법에 근거하여 다양한 사회서비스의 형태로 존재하고 있다. 우리나라는 생애주기별, 대상별 사회서비스를 확충하고 지역사회중심 서비스 보장체계를 추진하고 있다.

사회서비스는 국가 · 지방자치단체 및 민간부문의 도움이 필요한 모든 국민에게 복지, 보건의료, 교육, 고용, 주거, 문화, 환경 등의 분야에서 인간다운 생활을 보장하고 상담, 재활, 돌봄, 정보의 제공, 관련 시설의 이용, 역량 개발, 사회참여 지원 등을 통하여 국민의 삶의 질이 향상되도록 지원하는 제도이다. 사회서비스는 노인복지서비스, 장애인복지서비스, 아동복지서비스, 가정복지서비스 등이 해당되며 아동복지와 직접적으로 관련된 사회서비스는 아동복지서비스이다. 아동복지서비스는 아동에게 다양하게 제공하는 서비스를 말한다.

3. 아동복지서비스 전달체계

아동복지서비스 전달체계는 아동복지정책을 구체적인 서비스로 전달하는 과정과 조직을 말한다. 아동복지서비스 내용에 관한 정책들은 복지서비스 전달체계를 통해 이루어진다. 따라서 아동복지서비스 전달체계는 복지서비스를 적절하고 효율적으로 전달하여 대상자의 욕구를 효과적으로 충족시키는 데 결정적인 역할을 한다.

아동복지서비스의 전달체계는 다양한 관점에서 구분되고 있는데, 일반적으로 구조적 기능과 운영주체에 따라 다음과 같이 구분할 수 있다.

1) 구조적 기능에 따른 분류

아동복지서비스의 전달체계는 구조적 기능에 따라 아동복지서비스를 계획, 지원, 관리하는 행정체계와 수혜자(아동 및 가정)들에게 직접적인 접촉을 통해 서비스를 제공하는 집행체계로 구분할 수 있다.

중앙정부 행정조직인 보건복지부와 광역자치단체, 기초자치단체는 서비스를 기획·관리·지원하기 때문에 행정체계라고 볼 수 있다. 읍·면·동과 수혜자 간 체계는 구체적인 서비스를 제공하는 업무를 주로 하기 때문에 집행체계라고 할 수 있다.

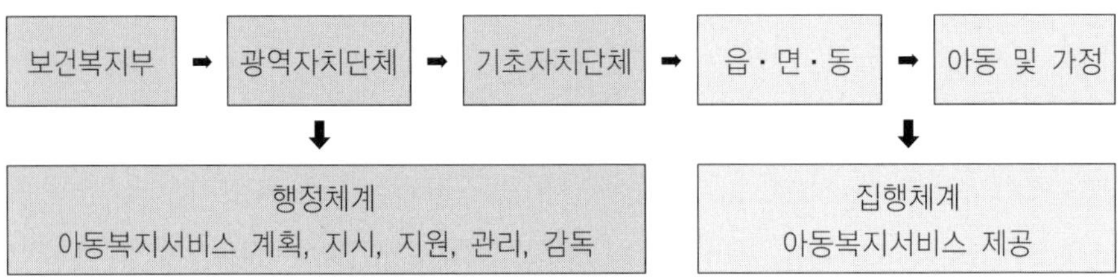

▌그림 4-2▐ 아동복지서비스 전달체계

출처 : 이순자·나성식·김현경·이효숙(2016).

2) 운영주체에 따른 분류

아동복지에 관한 국가의 정책은 국가와 지방자치단체, 아동복지기관 및 시설을 포함하는 모든 민간조직의 전달체계를 통하여 집행되어 대상자에게 급여나 서비스가 제공된다. 이러한 활동에는 아동복지를 실현하기 위하여 공공과 민간의 조직에 의한 전달체계의 형성과 효율적인 운영이 필수적이다. 공공기관과 민간조직의 역할분담은 운영주체에 따라 공적 전달체계와 민간 전달체계로 나뉜다. 전자는 중앙·지방자치단체가 직접 관리·운영하고 후자는 비영리·영리의 민간조직이 직접 관리·운영하는 것을 의미한다.

(1) 공적 전달체계

공적 전달체계는 보건복지부를 중심으로 여성가족부, 교육부, 고용노동부 등 많은 부서가 아동복지서비스를 담당하고 있다. 보건복지부의 인구정책실의 아동복지정책과, 아동권리과, 아동학대대응과에서 아동복지 관련 세부 업무를 담당한다. 구체적인 내용은 다음 ▌그림 4-3▐과 같다.

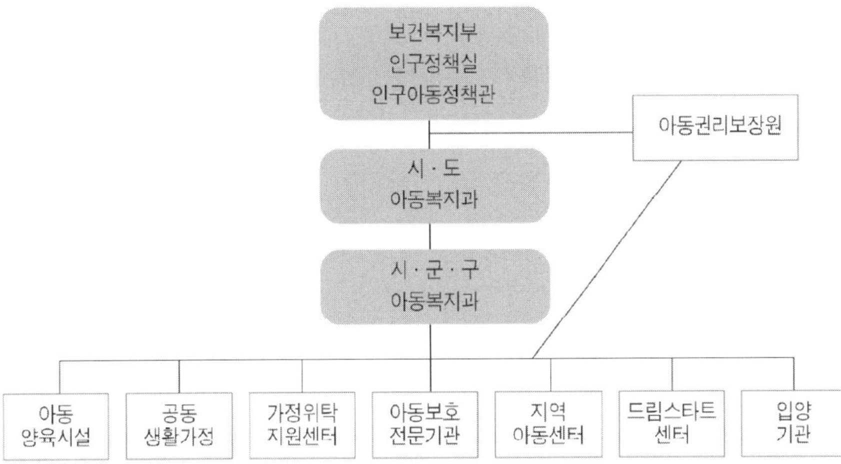

▌그림 4-3▐ 보건복지부의 아동복지 전달체계

출처 : 김성경 · 김혜영(2021).

(2) 민간 전달체계

민간 전달체계는 민간이 직접 관리 · 운영하는 민간 조직을 말하는데, 각 영역의 아동복지서비스를 전달하는 민간조직을 소개하면 다음 〈표 4-2〉와 같다.

〈표 4-2〉 민간조직

아동복지 민간조직		시설의 종류/내용
아동복지시설	생활시설	아동양육시설, 아동일시보호시설, 아동보호치료시설, 자립지원시설, 공동생활가정
	이용시설	아동상담소, 아동전용시설, 지역아동센터
어린이집		국·공립어린이집, 사회복지법인어린이집, 법인단체등어린이집, 직장어린이집, 가정어린이집, 부모협동어린이집, 민간어린이집
아동보호전문기관		중앙 아동보호전문기관, 지방 아동보호전문기관(시·도 또는 소규모단위)
입양기관		국외입양기관, 국내입양기관
가정위탁지원센터		중앙 가정위탁지원센터, 지방 가정위탁지원센터(시·도 또는 소규모단위)
실종아동전문기관		실종아동전문기관(어린이재단 위탁운영)

출처 : 정익중 · 오정수(2021).

생각 더하기 **복지전달체계 개편**

그간 정부는 복지사각지대 최소화, 국민의 복지체감도 제고를 위해 사회복지공무원을 확충하고, 찾아가는 보건복지서비스 도입 및 민관 협력을 강화하는 등 복지전달체계를 개편·발전시키기 위한 노력을 지속해 왔다.

특히 2012년 희망복지지원단 설치, 2016년 읍면동 복지 허브화를 통해 방문상담 및 민간서비스연계, 통합사례관리 등이 국민의 복지 체감도를 높이는데 큰 성과가 있음을 확인하고, 2017년부터는 전국 읍면동에 찾아가는 보건복지전담팀*을 설치하고 보건소·유관기관·지역주민 등과 함께 협력하여 복지 취약계층을 대상으로 "찾아가는 보건복지서비스"를 제공 중이다.

읍면동 찾아가는 보건복지서비스를 통해 위기상황에 처해 있음에도 복지제도를 잘 알지 못하거나, 도움을 청하지 못하는 주변의 어려운 이웃들에게 복지공무원이 복지통(이)장과 읍면동 지역사회보장협의체 위원 등 지역사회 주민들과 함께 찾아가 필요한 공적급여지원과 전문적 통합사례관리 서비스 등을 제공하고, 소득·재산기준 초과 등으로 인해 공적급여 및 서비스를 받지 못하지만 실질적인 생활의 어려움에 처해 계신 분들께는 지역사회 내 다양한 민간 자원을 찾아 서비스를 연계한다.

출처 : 보건복지부(https://www.mohw.go.kr/menu.es?mid=a10708040100).

05

CHAPTER

보육서비스

1. 보육의 개념 및 의의
2. 보육대상 및 보육서비스의 유형
3. 보육정책의 변천과정
4. 보육서비스의 내용
5. 아이돌봄서비스
6. 보육서비스의 전망과 과제

CHAPTER

05 보육서비스

여성 경제 활동 인구의 증가와 가족구조의 변화 및 자녀 수 감소 등으로 인해 보육을 바라보는 관점이 기존의 보호적이고 개인적인 관점에서 보편적이고 국가적인 관점으로 바뀌었다. 현대사회에서 보육은 더 이상 단순한 보호나 양육의 개념이 아니라 보편적 보육서비스와 유엔아동권리협약에 의한 아동권리 존중을 중요한 보육이념으로 여긴다. 이제 보육은 보호와 양육뿐만 아니라 질 높은 교육활동을 제공하여 영유아의 발달을 조력하고자 하는 사회복지서비스로의 의미로 받아들여지고 있다. 이 장에서는 보육의 개념 및 의의, 대상 및 유형, 보육정책의 변천과정, 보육서비스 내용, 아이돌봄서비스, 보육서비스의 전망과 과제에 대해서 살펴보고자 한다.

1. 보육의 개념 및 의의

영유아를 보호, 양육하는 의미의 전통적인 의미의 보육은 사회변화와 더불어 많은 변화를 보이고 있다. 보육의 개념은 '탁아'에서 찾을 수 있다. 전통적인 자녀양육이 가정에서 어머니에 의해 이루어지던 과거에는 정상적인 양육이 어렵거나 빈곤가정의 자녀가 탁아의 대상이었으며 보육의 성격 역시 사회구빈적 측면이 강하였다. 현재 우리나라에서 사용되는 보육(educare)이라는 용어는 'care'와 'education'에서 만든 것으로, 교육과 보호 및 양육의 분리가 의미가 없으며 일상생활 속에서 보호·양육과 교육활동이 통합적으로 이루어지는 것을 뜻한다.

「영유아보육법」에 의하면 '보육'이란 영유아를 건강하고 안전하게 보호 · 양육하고 영유아의 발달 특성에 맞는 교육을 제공하는 어린이집 및 가정양육 지원에 관한 사회복지서비스를 말한다. 보육이념은 다음과 같다.

첫째, 보육은 영유아의 이익을 최우선적으로 고려하여 제공되어야 한다.

둘째, 보육은 영유아가 안전하고 쾌적한 환경에서 건강하게 성장할 수 있도록 하여야 한다.

셋째, 영유아는 자신이나 보호자의 성, 연령, 종교, 사회적 신분, 재산, 장애, 인종 및 출생 지역 등에 따른 어떠한 종류의 차별도 받지 아니하고 보육되어야 한다.

이상의 내용을 종합해 볼 때 보육이란 영유아를 건강하게 안전하게 보호양육함과 동시에 영유아의 발달적 특성에 적합한 교육을 제공하는 제반 활동으로 볼 수 있다.

2. 보육대상 및 보육서비스의 유형

1) 보육대상

영유아보육법에서 '영유아'란 7세 이하의 취학 전 아동을 말하며, 어린이집의 이용대상은 보육이 필요한 영유아를 원칙으로 한다. 필요한 경우 만 12세까지 연장하여 어린이집을 이용할 수 있다. 보육의 우선 제공 대상자는 다음과 같다.

① 국민기초생활 보장법에 따른 수급자
② 한부모가족지원법(제5조)에 따른 보호대상자의 자녀
③ 국민기초생활 보장법(제24조)에 따른 차상위계층의 자녀
④ 장애인복지법(제2조)에 따른 장애인 중 장애 정도가 심한 장애인의 자녀 또는 형제자매의 자녀

⑤ 다문화가족지원법(제2조 제1호)에 따른 다문화가족의 자녀
⑥ 국가유공자 등 예우 및 지원에 관한 법률(제4조 제1항)에 따른 국가유공자 중 전몰군경(제3호), 순직자(제5호 · 제14호 · 제16호), 상이자(제4호 · 제6호 · 제12호 · 제15호 · 제17호)로서 국가유공자 등 예우 및 지원에 관한 법률 시행령 별표 3에 따른 상이등급 중 1급부터 3급까지의 상이등급에 해당하는 사람의 자녀
⑦ 제1형 당뇨를 가진 경우로서 의학적 조치가 용이하고 일상생활이 가능하여 보육에 지장이 없는 영유아
⑧ 그 밖에 소득수준 및 보육수요 등을 고려하여 보건복지부령으로 정하는 자의 자녀
⑨ 아동복지법(제52조)에 따른 아동복지시설에서 생활 중인 영유아
⑩ 부모가 모두 취업 중이거나 취업을 준비(보건복지부장관이 인정하는 경우로 한정한다) 중인 영유아
⑪ 임신부의 자녀인 영유아
⑫ 자녀가 2명 이상인 가구의 영유아
⑬ 북한이탈주민의 보호 및 정착지원에 관한 법률에 따른 북한이탈주민 및 그 자녀인 영유아
⑭ 산업단지 입주기업체 및 지원기관 근로자의 자녀로서 산업단지에 설치된 어린이집을 이용하는 영유아
⑮ 법인 · 단체 등이 부지 또는 건물을 국가 또는 지방자치단체에 기부채납하거나 무상임대하여 국공립어린이집으로 운영하는 경우 해당 법인 · 단체 등의 근로자 자녀로서 그 어린이집을 이용하는 영유아
⑯ 주택법(제2조 제3호)에 따른 공동주택에 주택건설기준 등에 관한 규정(제55조의2 제3항)에 따라 설치하여야 하는 어린이집의 부지 또는 건물을 국가 또는 지방자치단체에 기부채납하거나 무상임대하여 국공립어린이집으로 운영하는 경우 해당 공동주택의 거주자 자녀로서 그 어린이집을 이용하는 영유아

2) 보육서비스의 유형 및 현황

(1) 설립주체별 어린이집 유형

어린이집의 설립주체에 따른 어린이집의 유형은 다음과 같다.

① 국공립어린이집 : 국가나 지방자치단체가 설치 · 운영하는 어린이집

② 사회복지법인어린이집 : 사회복지사업법에 따른 사회복지법인(이하 "사회복지법인"이라 한다)이 설치 · 운영하는 어린이집

③ 법인 · 단체등어린이집 : 각종 법인(사회복지법인을 제외한 비영리법인)이나 단체 등이 설치 · 운영하는 어린이집으로서 대통령령으로 정하는 어린이집

④ 직장어린이집 : 사업주가 사업장의 근로자를 위하여 설치 · 운영하는 어린이집(국가나 지방자치단체의 장이 소속 공무원 및 국가나 지방자치단체의 장과 근로계약을 체결한 자로서 공무원이 아닌 자를 위하여 설치 · 운영하는 어린이집을 포함)

⑤ 가정어린이집 : 개인이 가정이나 그에 준하는 곳에 설치 · 운영하는 어린이집

⑥ 협동어린이집 : 보호자 또는 보호자와 보육교직원이 조합(영리를 목적으로 하지 아니하는 조합에 한정)을 결성하여 설치 · 운영하는 어린이집

⑦ 민간어린이집 : 제1호부터 제6호까지의 규정에 해당하지 아니하는 어린이집

어린이집 수 및 아동수 현황은 다음 표에서 보는 것처럼, 전체 어린이집 수는 2022년 말 기준 30,923개소로 2021년 대비 7.5% 감소하였다(2021년 : 33,246개소 → 2022년 : 30,923개소). 전체 어린이집에서 국공립어린이집이

차지하는 비율은 18.8%(5,801개소)이며, 민간과 가정어린이집은 70.6%(21,835개소)를 차지하고 있다.

어린이집 이용 아동 수는 2022년 말 기준 1,095,450명으로 2021년 대비 8.1% 감소하였다(2021년 : 1,184,716명→2022년 : 1,095,450명). 국공립 어린이집에서는 276,670명으로 25.2%를 보육하고, 민간과 가정어린이집에서 661,685명으로 60.4%를 보육하고 있다. 이러한 결과는 우리나라의 아동보육정책이 국공립어린이집의 지속적 확충 및 우수 민간어린이집의 지원 등 다양한 정책을 통해서 보육서비스의 질적 수준을 높여야 한다는 것을 보여준다.

〈표 5-1〉 어린이집 시설 수 및 아동수 현황

(단위 : 개소, 명)

구 분		2019	2020	2021	2022
어린이집수	(전년대비, %)	-4.60	-5.40	-6.00	-7.50
	국공립	4,324	4,598	5,437	5,801
	사회복지법인	1,343	1,316	1,285	1,254
	법인 단체 등	707	671	640	610
	민간	12,568	11,510	10,603	9,726
	가정	17,117	15,529	13,891	12,109
	협동	159	152	142	132
	직장	1,153	1,216	1,248	1,291
	계	37,371	35,352	33,246	30,923
보육아동수	(전년대비, %)	-3.60	-8.80	-4.80	-8.10
	국공립	232,123	253,251	268,967	276,670
	사회복지법인	86,775	78,322	72,085	64,503
	법인 단체 등	38,538	34,066	30,998	27,743
	민간	664,106	578,196	535,428	477,628
	가정	273,399	230,444	208,842	184,053
	협동	4,121	3,716	3,465	3,203
	직장	66,023	66,401	64,931	61,650
	계	1,365,085	1,244,396	1,184,716	1,095,450

출처 : e-나라지표(보건복지부 보육통계).

국공립어린이집의 4,354개소에 비해 민간어린이집과 가정어린이집 등이 29,685개소로 상당히 높은 비율을 차지하는 것으로 나타나 국공립어린이집의 확충도 중요하지만 기존의 우수한 민간어린이집에 대한 투자도 중요한 것을 알 수 있다.

(2) 운영에 따른 어린이집 유형

어린이집의 운영에 따른 어린이집의 유형은 다음과 같다.

① 영아전담 어린이집

만 3세 미만의 영아만을 20인 이상 보육하는 어린이집

② 장애아전문어린이집

「장애아동복지지원법」 제32조에 따라 요건을 갖추고, 상시 12명 이상의 장애영유아(단, 미취학장애아 9명 이상 포함)를 보육할 수 있는 시설을 갖춘 어린이집

③ 장애아통합 어린이집

정원의 20% 이내에서 장애아 기본반을 편성운영하거나 장애아 기본반을 별도로 편성하지 않은 채 미취학장애아를 3명 이상 통합보육하고 있는 어린이집

④ 야간연장어린이집

기준보육시간(7:30~19:30)을 경과하여 최대 24:00까지 시간을 연장하여 보육하는 어린이집

⑤ 24시간 어린이집

24시간 동안(7:30~익일 7:30) 보육서비스를 제공하는 어린이집

⑥ 휴일어린이집

일요일 및 공휴일에 보육하는 어린이집

⑦ 방과후어린이집

초등학생을 대상으로 방과후 보육서비스를 제공하는 어린이집으로, 방과후 보육서비스 제공은 4시간 이상(~19:30까지)이다.

지방자치단체, 사회복지법인, 그 밖의 비영리법인이 설치한 어린이집과 대통령령으로 정하는 어린이집의 원장은 취약보육, 즉 영아 · 장애아 · 다문화가족의 아동 등에 대한 보육(다문화가족지원법 제2조 제1호)을 우선적으로 실시하여야 한다.

3. 보육정책의 변천과정

1) 태동기(1921~1944)

우리나라 최초의 보육서비스는 1921년에 서울의 태화기독교사회관에서 보육프로그램을 개설함으로써 시작되었다. 저소득층 자녀위주의 탁아사업이라고 볼 수 있다. 이후 1926년 부산공생탁아소와 대구탁아소의 2개 시설이 설치되었다. 이 시기는 사회구빈적 성격의 보육사업의 시기라고 볼 수 있다.

2) 도약기(1945~1990)

1945년 광복 이후부터 정치적 · 사회적 혼란으로 정부가 보육사업에 대한 뚜렷한 방침을 세우지 못했고, 당시 전쟁으로 발생한 전쟁고아나 기아, 미아 등 보호가 필요한 아동을 위한 각종 수용보호시설이 외국의 원조에 의해 세워졌다.

이후 1961년 「아동복리법」이 제정 · 공포되면서 본격적으로 보육사업이 실시되었다. 탁아소가 법정시설로 인정되면서 보육시설에 대한 법적 근거가 마련되었다. 1981년에「아동복리법」이 폐지되고 아동복지법으로 전면 개정되면서 탁아사업도 이를 근거로 실시하였다. 이후 1982년 「유아교육진흥법」이 제정되고 여러 부처에서 관리하던 보육관련 시설들(어린이집, 새마을협동유아원, 농번기탁아소)이 새마을유아원으로 통합되어 운영되기 시작했다. 1987년에「남녀고용평등법」에 따라 직장 탁아제가 도입되었다. 1991년 이전까지는 보육 관련 사업들이 여러 부처에 흩어져 있어 정부재정의 비효율적 투자는 물론 영유아에 대한 체계적이고 효율적인 보육의 실시에 어려움이 뒤따랐다. 이 시기는 사회복지적 성격의 보육사업의 시기라고 볼 수 있다.

3) 확대 · 발전기(1991~2005)

(1) 팽창기(1991~2004)

1991년에 보육사업의 법적 근거가 되는 「영유아보육법」을 제정하면서 기존의 '탁아'에서 보호와 교육을 통합한 '보육'으로 개념의 전환과 함께 비로소 보육사업의 체계가 구축되었다. 이 시기는 우리나라 보육의 양적 확대 시기로서 민간어린이집 위주로 급격히 팽창하였다. 2004년에는 보육사업주관부서가 보건복지부에서 여성가족부로 이관되었다.

(2) 질적 변화기(2005)

2005년 「영유아보육법」이 전면 개정되면서 보편주의적 보육이념의 강화, 아동권리의 기본원칙 표명, 보육의 공공성 강화, 보육의 전문성 강화, 수요자 참여 활성화를 강조하였다.

4) 질적 성장기(2006~2022)

2006년 여성의 사회진출 증가에 대응한 보육서비스의 공급을 중점으로 하는 '새싹플랜'(2006~2008, 여성가족부)을 발표하였다. 2009년에는 제1차 중장기보육기본계획을 보완한 '아이사랑플랜'(2009~2012, 보건복지부)을 수립 · 시행하였고, 국가책임 강화, 보육서비스를 '영유아' 중심으로 설정하였다. 2013년부터는 무상보육 도입과 수요자 맞춤 지원을 중점으로 하는 제2차 중장기보육기본계획(2013~2017)을 발표하였다. 2013년에 보육료 · 양육수당의 전 계층 지원 실시와 3~5세 공통의 보육 · 교육과정인 '누리과정'을 도입하였다. 그리고 2018년에 제3차 중장기보육기본계획(2018~2022)을 도입하여 보육의 공공성 강화, 효과적 보육서비스 제공을 위한 보육체계의 개편, 보육서비스의 품질향상, 부모양육 지원을 확대하였다.

그리고 2023년에는 제4차 중장기보육기본계획(2023~2027)을 발표하여 종합적 양육지원 강화, 영유아 중심 보육서비스의 질 제고, 보육교직원의 전문성 제고 및 역량 강화, 안정적인 보육서비스의 기반을 구축하였다.

4. 보육서비스의 내용

1) 보육시간

어린이집의 보육시간은 12시간(7:30~19:30) 운영 원칙은 유지하면서 보육시간은 2개의 시간으로 구분된다. 어린이집 보육시간을 2개의 시간으로 구분된다. 즉 모든 영유아에게 필수적으로 제공되는 '기본보육시간'과 보호자의 욕구 등에 따라 기본보육시간 이후 돌봄공백이 우려되는 영유아에게 제공되는 '연장보육시간'으로 구분된다.

2) 시간제보육서비스

시간제보육은 가정양육 부모 등이 긴급 · 일시적으로 보육시설 이용이 필요한 경우, 시간 단위로 시간제보육 제공기관(어린이집, 육아종합지원센터 등)을 이용하고 이용한 시간만큼 보육료를 지불하는 보육서비스이다. 국가 또는 지방자치단체는 영유아보육법(제34조)에 따른 무상보육 및 유아교육법(제24조)에 따른 무상교육 지원을 받지 아니하는 영유아에 대하여 필요한 경우 시간제보육 서비스를 지원할 수 있다. 지원대상은 어린이집, 유치원 등을 이용하지 않고, 부모급여(현금) 또는 양육수당을 수급 중인 6개월~36개월 미만의 영아가 해당된다. 신청방법은 온라인신청(임신육아종합포털 www.childcare.go.kr)과 전화(☎1661-9361)로 할 수 있다.

3) 영유아보육료 지원

지원대상 어린이집을 이용하는 영유아(0~5세반)로 국적과 주민등록번호를 유효하게 보유하고 있는 자(소득무관 전 계층)이다. 지원 신청은 읍·면·동 주민센터를 직접 방문 또는 복지로 웹사이트(www.bokjiro.go. kr), 모바일앱(복지로)을 통해 온라인 신청을 한다. 보육료, 양육수당 등 보육서비스는 신청일 기준으로 지원하므로, 지원신청을 하지 않을 경우 지원되지 않으므로, 읍면동 주민센터 등을 통해 반드시 서비스 신청이 필요하다.

4) 가정양육수당 및 부모급여 지원

어린이집·유치원(특수학교 포함)·종일제아이돌봄 서비스를 이용하지 않는 취학전 최대 86개월 미만 영유아(소득 무관 전 계층)를 대상으로, 영유아가 6세가 된 날이 속하는 해의 다음 해 2월까지 매월 정기적으로 양육수당을 지원한다.

그리고 만 0~1세 아동에게는 부모급여를 제공한다. 어린이집을 이용할 경우 보육료 바우처로 수급, 종일제 아이돌봄 서비스 정부지원을 이용할 경우 종일제 아이돌봄 정부지원금으로 수급한다.

5. 아이돌봄서비스

1) 개념 및 목적

아이돌봄서비스는 아이의 주거지 등에서 개별적으로 제공하는 보호 및 양육 등의 서비스를 말한다. 부모의 맞벌이 등으로 양육공백이 발생한 가정의 만 12세 이하 아동을 대상으로 아이돌보미가 아동의 집으로 찾아가는 아이돌봄서비스를 제공하고, 부모의 양육부담을 경감하고 시설보육의 사각지대를 보완하고자 만들어졌다. 그리고 가정의 아이돌봄을 지원하여 아이의 복지증진과 보호자의 일 · 가정 양립을 통한 가족구성원의 삶의 질 향상과 양육친화적인 사회 환경을 조성하는 데 목적이 있다.

2) 종류 및 돌봄대상

대표적인 아이돌봄서비스는 생후 36개월 이하의 영아를 하루 종일 돌보는 '영아종일제', 만 12세 이하 아동을 필요한 시간만큼 돌보는 '시간제'와 유치원, 초등학교 등 시설 이용 아동이 전염성 및 유행성 질병 감염 등에 의해 불가피하게 가정양육이 필요한 경우 아이돌보미가 돌봄장소에 직접 찾아가 돌봄을 제공하는 '질병감염아동지원서비스', 사회복지시설, 학교, 유치원, 보육시설 등의 만 0~12세 아동을 대상으로 아이돌보미가 기관에 직접 찾아가 아이돌봄을 제공하는 '기관연계서비스', 2~4시간 이내에 돌봄서비스가 필요하거나 1시간의 단시간 돌봄이 필요한 가정에 방문하여 아이들을 돌봐 주는 '긴급 · 단시간 돌봄'으로 구분된다. 아이돌봄서비스 비용의 지원은 가구의 소득수준과 거주 지역 및 부모의 취업 등을 고려하여 차등 지원할 수 있다. 구체적인 내용은 다음과 같다.

구분	시간제 돌봄	영아종일제	질병감염아동 지원서비스	기관연계서비스
대상	생후 3개월~만 12세 이하 아동	생후 3개월~만 36개월 이하 영아	법정 전염성 및 유행성 질병에 감염된 만 12세 이하의 시설(사회복지시설, 유치원, 초등학교, 보육시설 등)이용 아동	사회복지시설, 학교, 유치원, 어린이집 등의 만 0세 ~ 12세 아동
돌봄 활동 범위	기본형서비스 • 학교, 어린이집 등·하원 및 준비물 보조, 부모가 올 때까지 임시보육, 놀이활동, 준비된 식사 및 간식 챙겨 주기 • 돌봄 대상 아동의 관찰사항(일상생활, 아동발달, 건강, 특이사항) 등을 매일 이용가정에 전달 종합형서비스 시간제서비스 기본형의 돌봄활동 범위 포함 및 아동과 관련한 가사 추가	• 이유식 먹이기, 젖병 소독, 기저귀 갈기, 목욕 등 영아 돌봄과 관련된 활동 전반(건강, 영양, 위생, 교육 등) 단순 감기, 복통 등 비전염성 질병 관련하여, 도보로 이동 가능한 거리내에서 병원 이용 동행 가능(단, 서비스제공기관과 사전협의) • 돌봄 대상 아동의 관찰사항(일상생활, 아동발달, 건강, 특이사항) 등을 매일 이용가정에 전달	• 질병 아동의 병원 이용 동행 및 재가 아이 돌봄 서비스 제공 • 돌봄 대상 건강, 아동의 질병과 관련된 특이사항을 매일 이용가정에 전달	기관 내에 설치된 보육시설 이용 아동 돌봄 보조

3) 기타 아동돌봄서비스

(1) 초등돌봄교실

초등돌봄교실은 맞벌이, 저소득층, 한부모 가정 등의 초등학생을 대상으로, 맞벌이가정 등의 자녀가 방과후에도 안심하고 생활할 수 있도록 학교가 자녀를 돌보는 것을 목적으로 한다. 서비스 내용은 창의성 신장을 위한 단체활동 프로그램 및 숙제, 독서, 휴식 등 개인활동 및 급·간식 지원이다. 초등돌봄교실은 교육부에서 담당하고 있다.

(2) 다함께돌봄센터

다함께돌봄센터는 지역사회 중심의 자발적이고 주도적인 아동 돌봄 공동체 기반 조성과 지역 내 돌봄 수요 및 자원을 고려하여 아동 돌봄 계획을 수립하고 이를 바탕으로 지역 내 틈새 돌봄 기능을 강화하여 돌봄 사각지대 해소를 목적으로 만들어졌다. 다함께돌봄센터는 초등학교의 정규교육 이외의 시간 동안 아동의 안전한 보호, 안전하고 균형 있는 급식 및 간식의 제공, 등 · 하교 전후, 야간 또는 긴급상황 발생 시 돌봄서비스 제공, 체험활동 등 교육 · 문화 · 예술 · 체육 프로그램의 연계 · 제공, 돌봄 상담, 관련 정보의 제공 및 서비스의 연계 등의 방과 후 돌봄서비스를 제공한다.

이용대상은 돌봄서비스가 필요한 지역 내 6~12세 아동(초등학생)으로, 지자체별(시설별) 취약계층, 맞벌이 가구 등 우선 이용대상자 선정이 가능하다. 「아동복지법」 제44조의2에 따르면 돌봄서비스의 내용은 아동의 안전한 보호, 안전하고 균형있는 급식 및 간식의 제공, 등 · 하교 전후, 야간 또는 긴급상황 발생 시 돌봄서비스 제공, 체험활동 등 교육 · 문화 · 예술 · 체육 프로그램의 연계 · 제공, 돌봄 상담, 관련 정보의 제공 및 서비스의 연계, 그 밖에 보건복지부령으로 정하는 방과 후 돌봄서비스로 구성된다.

다함께돌봄센터의 한 유형으로 '학교돌봄터'가 있다. 학교돌봄터는 초등학교의 정규수업 이외의 시간에 돌봄서비스를 제공하기 위해 6~12세 아동(초등학생)을 대상으로 지자체가 초등학교의 공간을 활용하여 설치 · 운영하는 돌봄시설이다. 초등돌봄 사각지대 해소 및 맞벌이 가구의 양육부담 완화 및 공적 돌봄의 양적 확대 및 질 제고를 목적으로 한다. 이용대상은 소득 수준과 무관하며, 지역여건에 따라 지자체 혹은 학교돌봄터 운영주체가 이용 우선순위를 정할 수 있다. 이용 시간은 표준서비스 제공시간(학기 중 : 14:00~20:00, 방학 중(단기방학 포함) : 9:00~18:00)을 포함하여 주 5일(월~금요일 포함), 1일 8시간 이상 상시 운영한다.

(3) 지역아동센터

지역아동센터는 지역사회 내 방과후 돌봄서비스를 필요로 하는 만 18세 미만의 아동을 대상으로, 지역사회 아동의 보호·교육, 건전한 놀이와 오락의 제공, 보호자와 지역사회의 연계 등 아동의 건전 육성을 위하여 종합적인 아동복지서비스를 제공한다(아동복지법 제52조). 우선 이용 대상은 기초생활보장 수급자, 차상위계층, 다문화·등록장애인·조손·한부모 가족 등이다.

지원내용은 아동보호(안전한 보호, 급식 등), 교육 기능(일상생활 지도, 학습능력 제고 등), 정서적 지원(상담·가족지원), 문화서비스(체험활동, 공연) 등으로 지역사회 내 아동돌봄에 대한 사전 예방적 기능 및 사후 연계 제공이다(보건복지부, 2023d). 지역아동센터는 표준서비스 제공시간(학기 중 : 14:00~20:00, 방학 중(단기방학 포함) : 12:00~17:00)을 포함하여 주 5일(월~금요일 포함), 1일 8시간 이상 상시 운영한다.

(4) 장애아가족 양육지원 및 다문화가족 방문교육

장애아가족 양육지원은 장애아동에 대한 인식 전환 및 돌봄 지원을 위해 장애아동 돌봄 서비스 및 휴식지원 프로그램을 제공한다. 그리고 다문화가족 방문교육은 다문화 가정 자녀에게 학교생활 및 사회성 발달지원 등 교육을 제공하여 정착과 자녀 양육을 돕는다.

(5) 공동육아나눔터

취학 전·후 아동 및 부모를 대상으로 육아 공간 및 돌봄 프로그램 제공, 이웃 간 자녀 돌봄 품앗이 활동 지원을 통해 양육 부담을 경감시키고 지역사회 중심의 돌봄친화적 분위기 조성한다.

(6) 육아종합지원센터

보육에 관한 정보의 수집 · 제공 및 상담 등을 제공하기 위하여 보건복지부장관과 지방자치단체의 장이 설치 · 운영하는 전문기관으로, 어린이집과 부모 대상의 지원이 이루어진다.

(7) 건강가정지원센터

지역주민의 특성을 고려하여 다양한 맞춤형 프로그램으로 가족지원 서비스를 제공한다.

6. 보육서비스의 전망과 과제

1) 보육의 공공성 강화

우리나라의 보육정책이 나아가야 할 첫 번째 방향은 무엇보다도 보육사업의 공공화를 확대하여 정부의 책임을 증대하는 것이다. 보육의 공공성과 보육에 대한 국가적 · 사회적 책임과 의무에 대한 확고한 사회적 합의 도출이 필요하며 보육재정은 더 확대되어야 한다. 그렇다고 해서 정부 중심의 획일적인 보육서비스 제공이 아닌 정부와 시장의 역할이 보완적으로 작동하도록 정책의 방향이 정해져야 한다. 민간에게 지나치게 의존하고 있는 현행 보육사업의 구조 변화를 위한 국가의 재정 지원을 확대하여 저소득 주민 밀집 주거지역, 농어촌지역 등 취약지역 및 산업단지 지역에 우선 설치할 수 있는 국공립어린이집의 비율은 더 높일 필요가 있다. 그리고 믿을 수 있는 질높은 보육서비스를 제공하기 위해 공공형어린이집을 확충해야 한다. 또한 규제 완화를 통한 민간부문 보육서비스의 질적 향상도 모색해야 한다.

일 · 가정 양립 문화의 조성이 결국 저출산 문제도 해결하는 좋은 방안이 될 수 있다. 돌봄과 양육에 대한 지원은 한부모가족, 다문화가족, 조손가족 등 다양한 가족에 대한 지원뿐만 아니라 모든 아동에게 돌봄을 기본적으로 보장하는 방향으로 나아가야 한다.

2) 수요자 중심의 보육서비스 확대

보육서비스에 대한 수요자들의 다양한 선호는 당연하다. 따라서 정부 중심의 획일적인 보육서비스 제공이 아닌 정부와 시장의 역할이 보완적으로 작동하도록 정책의 방향이 정해져야 한다. 이를 위해 영유아 교육 · 돌봄 현장에서 체감할 수 있는 정책들이 확대되어야 한다. 이를 위해 부모의 비용부담 완화 및 양육 지원정책이 요구된다. 영유아의 돌봄을 강화하고, 학부모의 자녀 양육을 돕는 다양한 교육 프로그램의 확대 · 운영이 필요하다. 영아, 장애 영유아 맞춤형 지원, 시간제보육지원서비스의 확대, 돌봄서비스 등 다양한 보육서비스 방안을 마련하여 수요자들의 요구에 부합되도록 해야 한다.

3) 통합적인 컨트롤 타워 구축

아동복지 관련 정책들이 아동에만 국한된 것이 아니기 때문에 영역별로 상당한 중복과 누락이 발생될 수밖에 없다. 비슷한 영역인데도 교육부, 여성가족부, 보건복지부 등 관할 부처가 달라 혼선을 주는 경우가 많다. 예를 들어, 드림스타트, 지역아동센터는 보건복지부 소속이고, 방과후학교, 초등돌봄교실, Wee 프로젝트 등은 교육부 관할이며, 청소년 방과후아카데미 등은 여성가족부 소관으로 되어있다. 일관된 방향성과 목표를 세우고 실천하고 평가, 피드백하는 컨트롤 타워가 없다는 것은 문제라고 볼 수 있다. 중복투자와 예산 효율성을 제고하는 측면에서 아동복지 전반의 정책과 실천을 돕는 컨트롤 타워의 구축이 필요하다. 다행스럽게 2025년부터 유아교육

(유치원)과 영유아보육(어린이집)의 통합인 '유보통합'이 교육부와 교육청 중심으로 본격적으로 시행된다. 2025년부터 유보통합을 본격 시행할 수 있도록 교육부는 새로운 통합기반을 마련하는 과정에서 영유아의 발달 · 특성을 고려하고 있다. 또한 교사의 전문성 강화와 처우를 개선하는 방향으로 교사 자격 및 양성체제 개편을 논의하며 영유아의 교육 · 돌봄 환경과 직결된 시설 · 설립기준(안전 기준)을 강화하는 한편, 표준보육과정(만 0~2세)과 누리과정(만 3~5세), 초등 저학년 간 연계성을 강화하였다.

4) 보육인력의 전문성 제고 및 교권 보호

보육인력의 전문성 확보와 교사의 자질 향상은 보육서비스의 질적 수준 향상에 무엇보다도 중요한 요소이다. 유아교육 · 보육 통합에 대비하여 유치원 · 어린이집 교사의 교육 · 연수를 공동 참여형태로 실시하고, 현장 맞춤형 누리과정 컨설팅을 실시하여 교사의 교육 · 보육과정에 대한 이해를 제고하여야 한다. 또한 유치원 교사의 교육활동과 어린이집 교사의 보육활동 보호를 위한 대책 마련을 통해 교사들의 심리적 지원을 도와야 한다.

생각 더하기

방과 후 혼자 있는 아이가 걱정돼요!

Q 방과 후 혼자 있는 아이가 걱정됩니다. 어린이집에 맡기면 지원이 있나요?

A 방과 후 보육료 지원(12세 이하) 제도가 있습니다. 비장애아동에게는 매월 10만 원씩 장애아동에는 보육료 50%를 지원합니다.

- 지원대상
  - 차상위 이하(법정 저소득층 포함) 및 장애아동에 해당되는 취학아동
- 지원내용
  - 방과 후에 어린이집을 하루 4시간 이상 이용하는 경우 지원
  - 비장애 아동 : 일일 4시간 이상 이용, 지원금액 월 10만 원
  - 장애 아동 : 교사 대 아동 비율을 1:3으로 반 편성, 방과 후 및 장애아보육 보수교육과정을 이수한 교사 별도 배치
  - 지원금액 : 장애아 보육료의 50% 지원(27만 9,500원)
  - 지원금액 : 정부지원시설 : 월 10만 원, 정부미지원시설 : 시·도지사가 정한 만 5세아 보육료 수납 한도액의 50%

  ※ 방학 중 하루 8시간 이상 이용한 경우 비장애아동 월 20만 원, 장애아동 장애아 보육료 100% 지원(이용 일자에 따라 일할 계산하여 지원)
- 신청방법
  - 온라인 신청 : 복지로
  - 방문 신청 : 아동 주소지 읍면동 주민센터

출처 : 임신육아종합포털 아이사랑(https://www.childcare.go.kr/?menuno=327).

06

CHAPTER

장애아동 지원서비스

1. 장애아동의 개념
2. 장애아동의 현황
3. 장애아동 지원서비스
4. 장애아동 지원서비스의 개선방안

06 CHAPTER

장애아동 지원서비스

우리나라는 맞춤형 지원으로 장애인의 자유롭고 평등한 삶을 실현하는 행복사회를 목표로 장애아동복지지원법의 제정 등 장애아동을 지원하기 위한 여러 가지 정책과 서비스가 활발히 이루어지고 있다. 장애예방사업과 장애아동의 다양한 욕구에 맞춰 맞춤형 통합돌봄을 지원하는 등 장애아동에 대한 복지 역시 강화되고 있다. 복지서비스의 개념을 넘어 인권의 개념으로 접근하는 장애인복지의 공고화를 위해, 이 장에서는 장애아동의 개념, 현황, 지원서비스, 지원서비스의 개선방안에 대해 살펴보고자 한다.

1. 장애아동의 개념

장애아동이란 「장애아동복지지원법」에 따르면 18세 미만의 사람 중 「장애인복지법」에 따라 등록한 장애인을 말한다. 다만, 6세 미만의 아동으로서 장애가 있다고 보건복지부장관이 별도로 인정하는 사람을 포함한다. 「장애인복지법」에 따르면 장애인은 신체적 · 정신적 장애로 오랫동안 일상생활이나 사회생활에서 상당한 제약을 받는 자를 말한다. 신체적 장애란 주요 외부 신체 기능의 장애, 내부기관의 장애 등을 말하며, 정신적 장애란 발달장애 또는 정신 질환으로 발생하는 장애를 말한다. 장애 유형 및 기준은 다음과 같다.

〈표 6-1〉 장애유형 및 기준

대분류	중분류	소분류	세분류
신체적 장애	외부 신체기능의 장애	지체장애	절단장애, 관절장애, 지체기능장애, 척추장애, 변형 등의 장애
		뇌병변장애	뇌의 손상으로 인한 복합적인 장애
		시각장애	시력장애, 시야결손장애, 겹보임(복시)
		청각장애	청력장애, 평형기능장애
		언어장애	언어장애, 음성장애, 구어장애
		안면장애	안면부의 추상, 함몰, 비후 등 변형으로 인한 장애
	내부 기관의 장애	신장장애	투석치료중이거나 신장을 이식 받은 경우
		심장장애	일상생활이 현저히 제한되는 심장기능 이상
		간장애	일상생활이 현저히 제한되는 만성·중증의 간기능 이상
		호흡기장애	일상생활이 현저히 제한되는 만성·중증의 호흡기 기능 이상
		장루·요루장애	일상생활이 현저히 제한되는 장루·요루
		뇌전증장애	일상생활이 현저히 제한되는 만성·중증의 뇌전증
정신적 장애	발달장애	지적장애	지능지수가 70 이하인 경우
		자폐성장애	소아청소년 자폐 등 자폐성 장애
	정신장애	정신장애	조현병, 조현정동장애, 양극성정동장애, 재발성우울장애,뇌의 신경학적 손상으로 인한 기질성 정신장애, 강박장애, 투렛장애(Tourette's disorder), 기면증

출처 : 보건복지부(2023h). 2023년 장애인복지 사업안내(Ⅰ).

2. 장애아동의 현황

1) 장애영유아 현황

한국장애인개발원(2023)의 「2023 장애통계연보」에 따르면, 2022년말 기준, 6세 미만의 취학 전 아동에 해당하는 장애영유아의 현황은 전체 영유아 인구(1,791,788명) 대비 장애영유아(9,234명)는 0.52%로 나타났다. 연도별로 장애영유아 인구 비율 추이를 살펴보면, 2018년 이후 2022년까지 장애영유아 인구 비율은 꾸준히 증가하고 있다.

〈표 6-2〉 장애영유아 현황

구분	전체 영유아 인구	장애 영유아인구	0세	1세	2세	3세	4세	5세	비율
2018	2,415,349	9,175	41	482	1,066	1,804	2,482	3,300	0.38
2019	2,285,605	9,679	43	483	1,014	1,721	2,898	3,520	0.42
2020	2,121,390	9,729	36	381	916	1,614	2,825	3,957	0.46
2021	1,943,208	9,692	28	409	801	1,599	2,734	4,121	0.50
2022	1,791,788	9,234	20	354	729	1,320	2,701	4,110	0.52

출처 : 한국장애인개발원(2023). 2023 장애통계연보.

장애인실태조사에 따르면, 현재 어린이집이나 유치원에 다니고 있지 않은 경우가 어린이집 77.2%, 유치원 86.9%로 가장 비율이 높았다. 다니는 경우 어린이집은 일반어린이집(11.3%), 장애아 통합어린이집(3.9%), 장애아전담어린이집(2.1%)순으로 나타났고, 유치원은 일반유치원(6.5%), 일반유치원 내 특수학급(4.6%) 순으로 나타났다(보건복지부 · 한국보건사회연구원, 2020). 통합교육이 확산되는 것을 볼 수 있다.

〈표 6-3〉 어린이집 · 유치원 이용현황 (단위 : %)

구분	전 체	전체	성별		연령	장애 정도	
			남	여	17세 이하	심한 장애	심하지 않은 장애
어린이집 형태	일반어린이집	11.3	14.0	3.2	11.3	9.9	11.3
	장애아통합어린이집	3.9	4.7	1.5	3.9	3.4	3.9
	장애아전담어린이집	2.1	2.8	-	2.1	2.5	2.1
	기타	5.5	3.8	10.6	5.5	6.0	5.5
	다니지 않음	77.2	74.7	84.7	77.2	78.3	77.2
	계	100.0	100.0	100.0	100.0	100.0	100.0

유치원 형태	일반유치원	6.5	7.9	2.4	6.5	4.3	19.8
	일반유치원 내 특수학급	4.6	4.0	6.3	4.6	3.6	10.4
	특수학교 유치원(부)	1.8	1.1	4.1	1.8	2.2	-
	기타	0.1	-	0.4	0.1	0.1	-
	다니지 않고 있음	86.9	87.0	86.8	86.9	89.9	69.8
	계	100.0	100.0	100.0	100.0	100.0	100.0

출처 : 보건복지부 · 한국보건사회연구원(2020). 2020년 장애인실태조사.

장애아전문 · 통합어린이집의 현황을 더 구체적으로 살펴보면, 장애아 어린이집은 꾸준히 증가하고 있으며 특히 장애아 통합시설의 경우 2004년 이후 꾸준히 증가하는 등 장애아 통합보육이 활성화되고 있고, 장애아 · 비장애아 조기 통합교육이 어느 정도 성공적임을 시사하는 결과로 나타났다.

〈표 6-4〉 장애아전문 · 통합시설 현황

단위 : 개소

	2013	2014	2015	2016	2017	2018	2019	2020	2021	2022
장애아 전문시설	172	174	175	177	178	177	176	177	178	177
장애아 통합시설	867	872	899	911	946	1,000	1,100	1,211	1,317	1,393
계	1,039	1,046	1,074	1,088	1,124	1,177	1,276	1,388	1,495	1,570

출처 : e나라지표(보건복지부 보육통계).

그리고 어린이집 또는 유치원을 다니지 않는 이유로는 공통적으로 너무 어려서라는 이유가 42.8%로 가장 높게 나타났고, 다음으로 시설을 믿지 못해서가 17.7%, 집 주변에 원하는 시설이 없어서가 7.6%, 대안이 있어서 7.0%라는 응답 순으로 나타났다(한국장애인개발원, 2021).

〈표 6-5〉 어린이집·유치원에 다니지 않는 이유

구분		추정수	정보 부족으로 인해	비용부담 때문에	시설을 믿지 못해서	대안 (홈스쿨링)이 있어서	집, 주변에 원하는 시설이 없어서	너무 어려서	기타	계
전체		938	5.9	1.7	17.7	7.0	7.6	42.8	17.4	100.0
성별	남	585	6.9	2.7	15.4	6.8	8.6	43.8	15.7	100.0
	여	352	4.1	-	21.3	7.4	5.9	41.0	20.2	100.0

출처 : 한국장애인개발원(2021). 2021 장애인삶 패널조사.

향후 보육·교육 시 가장 필요한 지원으로 27.0%가 발달재활서비스 확대를 들었고, 다음으로 특수교육 보조인력 증원(19.7%)이 높게 나타났다. 그리고 만 6세 이하의 장애영유아와 만 14~25세의 중학교 연령대 이상의 장애아동은 특수교육 보조인력 증원 욕구가 높았고, 만 7~13세의 초등학교 연령대의 장애아동은 발달재활서비스 확대가 가장 높게 나타났다.

〈표 6-6〉 향후 보육교육시 가장 필요한 것

구 분	2017년도	2020년도	연령별		
			만 6세 이하	만 7~13세	만 14~25세
장애아 전문어린이집 확대	20.8	5.3	13.1	5.6	2.6
장애아동 발달재활서비스 확대	19.9	27.0	19.8	34.0	18.4
교육도구나 기자재 사용시 편리성 확보	3.4	4.5	9.4	5.3	1.9
교사의 전문성 확보	9.4	8.7	11.3	7.5	9.7
특수교육 보조인력 증원	12.4	19.7	29.8	18.4	18.6
교사 및 교육기관의 확대	7.4	4.7	8.3	5.4	2.6
학교내 편의시설 확대	2.5	3.9	0.0	2.4	7.1
등하교 편리성 지원	3.8	4.1	6.6	4.0	3.6
교육에 대한 충분한 정보 제공	8.0	5.0	0.0	5.6	5.7
고등교육 지원 강화	3.0	4.1	0.0	0.9	10.2

부모교육 상담 지원 확대	1.1	1.5	0.0	1.3	2.2
교육비 부담 감소	8.4	7.6	1.7	7.9	9.0
기타	-	3.9	0.0	1.6	8.4
계	100.0	100.0	100.0	100.0	100.0

출처 : 보건복지부 보도자료(2021). 2020년 장애인실태조사 참고자료.

2) 특수교육대상 영유아 및 학생수

특수교육대상자의 교육적 요구를 충족시키기 위하여 특성에 적합한 교육과정 및 특수교육 관련서비스 제공을 통하여 이루어지는 교육인 특수교육 규모 변화 추이 분석한 결과, 특수교육대상자는 지속적으로 증가한 것을 볼 수 있다. 그리고 2023년의 특수교육대상자는 109,703명으로 전년도보다 6,008명 증가하였고, 장애학생의 통합교육 확산으로 일반학교의 특수학급 수도 지속적으로 증가한 것으로 나타났다. 특수교육대상 영유아 및 학생 수 역시 지속적으로 증가하는 추세이다.

〈표 6-7〉 특수교육 규모 (단위 : 교, 학급, 명)

구 분		2018	2019	2020	2021	2022	2023
특수학교 및 센터 수		175	177	182	187	192	194
특수학급 수		10,676	11,105	11,661	12,042	12,712	13,287
학생수	계	90,780	92,958	95,420	98,154	103,695	109,703
	장애영아, 유치원	6,212	6,521	6,975	7,566	8,607	9,188
	초등학교	38,031	41,091	43,205	44,814	48,448	51,585
	중학교	18,788	18,462	19,140	20,212	21,462	23,005
	고등학교, 전공과	27,749	26,884	26,100	25,562	25,178	25,925
교원수		20,039	20,773	22,145	23,494	24,962	25,599

출처 : 교육부(2023). 특수교육통계.

2023년 기준 장애학생수 109,703명에 대한 장애영역별 특수교육대상자 현황을 보면, 지적장애(50.9%), 자폐성장애(17.6%), 발달지체(11.8%)의 순으로 나타났다.

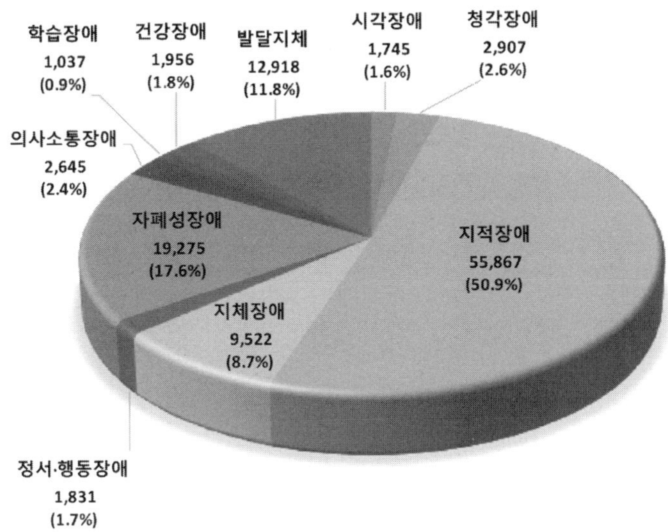

| 그림 6-1 | 장애영역별 특수교육대상자 현황

그리고 학교급별 특수교육대상자 현황은 초등학교(47.0%), 고등학교(23.6%) 중학교(21.0%), 유치원(8.4%)의 순으로 나타났다.

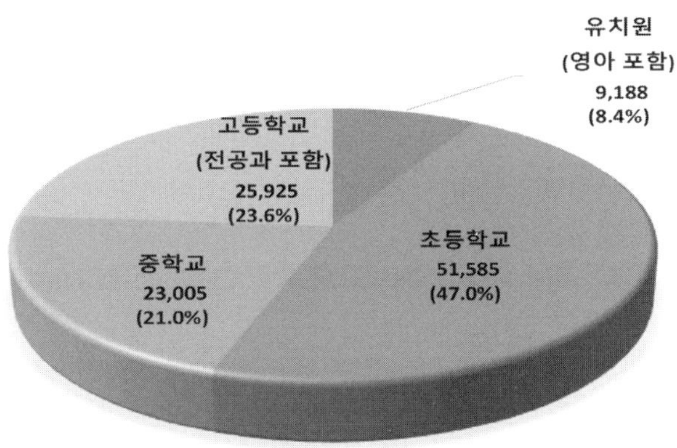

| 그림 6-2 | 학교급별 특수교육대상자 현황

교육환경별 특수교육대상자는 다음으로 학교급별 특수교육대상자는 특수학급(56.5%), 특수학교(26.4%), 일반학급(16.8%) 순으로 나타났다. 이는 통합교육의 확산으로 일반학교의 특수학급 수가 지속적으로 증가하고 있다는 결과이다.

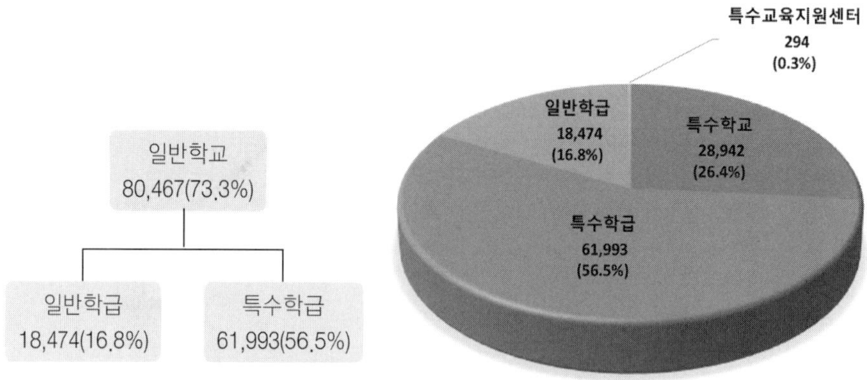

┃그림 6-3┃ 교육환경별 특수교육대상자 현황

3. 장애아동 지원서비스

1) 교육지원

(1) 장애영유아 지원

「장애인 등에 대한 특수교육법」에 만 3세 미만 장애영아에 대해 무상교육을 실시하고 장애의 조기발견을 위한 무상의 선별검사 실시 또는 영유아 건강검진 결과를 활용하도록 규정하여, 장애영아의 장애교정과 경감, 제2차 장애의 예방 및 발달을 촉진하고, 장애자녀를 둔 가정의 부담을 경감시켜 향후 사회적 비용을 최소화하고 사회통합을 촉진할 수 있다. 유치원 과정만 운영하는 특수학교와 특수학교에 유치원 과정을 운영하는 특수학교가 운영되고 있다.

그리고 만 0~12세 장애아동 중 장애소견이 있는 의사진단서(만 5세 이하만 해당) 제출자와 특수교육대상자 진단·평가 결과 통지서 제출자(만 3~8세까지만 해당)에게는 장애아무상보육료를 지원한다. 그리고 만 3세부터 17세까지의 특수교육대상자는 유치원, 초등학교, 중학교 및 고등학교 과정의 교육을 의무교육으로 하고 전공과와 만 3세 미만의 영아, 특수교육대상자로 선정된 만 3~5세의 유아, 만 6세 초등학교 취학의무 유예자 중 특수교육 대상 아동을 포함하여 무상교육을 실시한다. 특수학교의 유치원과정, 영아학습, 특수교육지원센터에서 교육을 제공하고 발달 특성에 맞는 개별화된 교육서비스를 지원하며, 입학금 · 수업료 · 교과용 도서대금 · 학교급식비 등을 면제해 준다.

그리고 만 12세 이하의 미취학 장애아동을 대상으로, 보육을 지원하고 장애아동 가정의 경제적 부담을 경감시키기 위하여 장애아동 보육료를 지원한다.

(2) 청소년 발달장애인 방과후활동서비스

만 6세 이상 만 18세 미만의「장애인복지법」상 등록된 지적 및 자폐성 장애인(청소년발달장애인)을 대상으로 방과후활동서비스를 제공하여 의미있는 여가활동 및 성인기 자립준비 지원 및 다양한 참여 프로그램으로 방과후 돌봄사각지대를 해소하고 부모의 원활한 사회 · 경제적 활동을 지원한다. 청소년 발달장애인은 수급자격(제공시간)을 받아 원하는 지역내 방과후활동 제공기관에 등록 후 소그룹을 구성하여 방과후활동서비스 이용한다. 제공기관은 취미 · 여가, 자립준비, 관람 · 체험, 자조활동 등 이용자의 욕구 및 상황을 고려한 다양한 방과후활동서비스를 제공한다.

(3) 진로 · 직업교육 정책

① 장애학생 진로 · 직업교육 강화

통합형 직업교육 거점학교 및 특수학교 학교기업 운영

「장애인 등에 대한 특수교육법」에 따르면 중학교 과정 이상의 각급학교의 장은 특수교육대상자의 특성 및 요구에 따른 진로 및 직업교육을 지원하기 위하여 직업평가 · 직업교육 · 고용지원 · 사후관리 등의 직업재활훈련 및 일상생활적응훈련 · 사회적응훈련 등의 자립생활훈련을 실시하도록 하였다.

② 전공과 설치 운영 확대
「장애인 등에 대한 특수교육법」에 따라, 특수교육기관에는 고등학교 과정을 졸업한 특수교육대상자에게 진로 및 직업교육을 제공하여 수업연한 1년 이상의 전공과를 설치 · 운영할 수 있다. 이에 따라, 특수교육대상자는 전공과 과정을 통해 졸업 후 사회로 원활한 전환을 할 수 있도록 직업재활 및 자립생활훈련 등을 받을 수 있다.

2) 장애아가족 양육지원

(1) 장애아가족 양육지원

소득기준이 기준 중위소득 120% 이하의 만 12세 미만 장애아동(장애인복지법상 장애의 정도가 심한 장애인)의 경우 중증장애아동에 대해 양육자의 질병, 사회활동 등 일시적 돌봄서비스 필요시 일정한 교육과정을 수료한 돌보미를 파견하여 장애아동 보호 및 휴식을 지원한다. 가족관계 회복 및 돌봄부담 경감을 위해 장애아가족 문화 · 교육프로그램, 휴식 박람회, 가족 캠프 등 휴식지원 프로그램을 운영한다.

그리고 어린이집이나 어린이집이나 유치원을 이용하지 아니하는 영유아에 대하여 영유아의 연령을 고려하여 양육에 필요한 비용부담을 덜어주기 위하여 장애아 양육수당을 지원한다.

(2) 발달장애인 부모상담지원

과중한 돌봄 부담을 가지고 있는 발달장애인 부모에게 집중적인 심리 · 정서적 상담 서비스를 제공하여 우울감 등 부정적 심리상태를 완화시켜 궁극적으로 발달장애인 가족의 기능 향상을 도모하기 위해 발달장애인 부모를 대상으로 상담을 지원한다. 「장애인복지법」상 지적·자폐성 장애인으로 등록된 자녀의 부모 및 보호자로서, 지적장애 또는 자폐성 장애를 부장애로 가진 경우도 포함되며 발달장애인 자녀의 부모는 동시 지원이 가능하다.

(3) 발달장애인 가족휴식지원

발달장애인 가족의 양육부담을 경감하고 가족의 정서적 안정을 돕기 위해 휴식, 여가, 상담 서비스를 제공하고, 서비스 이용 시 발달장애인의 일시적 돌봄을 제공한다.

3) 발달재활서비스

장애아동을 양육하는 가정의 재활과 돌봄으로 인한 양육 부담을 경감하기 위해 발달재활서비스(바우처) 및 중증장애아동 돌봄서비스의 지원 규모가 확대되고 있다. 만 18세 미만 장애아동(시각·청각·언어·지적·자폐성·뇌병변 장애아동)을 대상으로, 성장기의 정신적·감각적 장애아동의 기능 향상과 행동 발달을 위한 적절한 발달재활 서비스 지원 및 정보를 제공하기 위해 발달재활서비스를 지원한다.

발달재활서비스는 장애아동의 장애유형, 장애정도, 가족의 경제적 능력 등을 고려하여 지원대상 및 내용을 결정한다. 지원 소득기준은 기준 중위소득 180% 이하이며, 소득별로 차등지원된다. 발달재활서비스의 내용은 언어재활·청능재활·미술심리재활·음악재활·행동재활·놀이심리재활·재활심리·감각발달재활·운동발달재활·심리운동 등 발달재활서비스를 제공하고, 장애 조기발견 및 발달진단서비스와 중재를 위한 부모상담 서비스도 제공한다.

4) 언어발달지원

만 12세 미만 비장애아동(한쪽 부모 및 조손가정의 한쪽 조부모가 시각 · 청각 · 언어 · 지적 · 자폐성 · 뇌병변 등록장애인)이 지원대상으로, 지원 소득기준은 기준 중위소득 120% 이하이다. 시각, 청각, 언어, 지적, 자폐성, 뇌병변 등록장애 부모 및 등록장애 조손가정의 만 12세 미만 자녀에게 필요한 언어발달진단, 언어 · 청능 등 언어재활 서비스, 독서지도, 수화지도를 제공한다. 논술지도, 학습지도 등 교과목 수업과 학습지를 사용한 지도 역시 불가하다.

4. 장애아동 지원서비스의 개선방안

1) 경제적 지원 확대

장애인 가구는 전체가구 대비 소득은 낮고 경제적으로 열악한 상태이며, 평균소득 역시 전체가구 소득에 비해 71.7%로 낮다(보건복지부 · 한국보건사회연구원, 2020). 자녀 양육과 교육 시 경험하는 가장 큰 어려움은 공통적으로 경제적인 이유를 많이 거론한다. 이는 장애로 인한 소득 감소, 의료비 · 치료비 등의 추가 지출 등으로 인해 부담이 더 늘어나기 때문이다. 장애아동가족의 다양한 복지 수요에 대응하기 위해 합리적 제도뿐만 아니라 장애아동수당, 치료 · 재활 비용 등의 지원 확대와 경제적 부담을 줄일 수 있는 재원확보가 필요하다.

2) 가족지원서비스 확대

우리나라는 장애아동과 장애아동가족의 다양한 욕구를 반영하여 발달재활서비스, 언어발달지원사업, 장애아가족 양육지원사업 등 장애아동 가족지원사업을 실시하고 있다(보건복지부, 2023h). 2020 장애인실태조사에 따르면, 장애아동 돌봄에서 가족이 경험하는 가장 큰 어려움은 '미래에 대한 막연한 불안감'(33.1%)과 '장애아동 보호에 대한 지식 부족'(13.9%)을 들었다. 그리고 교육에 있어서도 학습지도나 과제 수행에서 어려움을 경험하는 것으로 나타났다.

이러한 양육 어려움을 덜어줄 수 있도록 장애아동의 건강한 성장지원 및 장애가족의 자체 역량 강화가 필요하다. 이를 위해 돌봄 전문지식교육을 강화하는 방안을 포함할 필요가 있다. 다시 말해 장애아동에 대한 적절한 지원과 부모교육을 통해 장애자녀의 성장과 발달에 적합한 양육 환경이 조성될 수 있는 역량을 키워주는 것이 필요하다.

3) 장애예방사업 강화

우리나라의 장애인 수 연도추이를 보면, 2000년 102만 명, 2005년 178만 명, 2015년 249만 명, 2020년 263만 명, 2022년에는 265만 3천 명으로 증가하였고, 전체 인구의 5.2% 수준으로 꾸준히 증가하고 있다(통계청, 2023). 특히 장애 발생원인은 후천적 원인이 90.5%로 선천적 원인에 비해 절대적으로 많다. 영유아의 장애 위험 요인을 조기에 발견하여 중재를 지원하는 것은 장애 위험요인을 제거하여 아동의 장애를 예방하는 효과와 함께 2차 장애발생을 예방하는 효과도 가져온다(민미희 외, 2022). 장애 조기발견 및 예방을 위해 장애아전담과 장애아통합어린이집의 확충, 유치원 신설학급 증설 등을 통하여 영유아보육 · 교육지원 역시 강화되어야 한다.

4) 특수교육의 확대와 다양화

특수교육대상자의 교육적 요구를 충족시키기 위하여 장애 특성에 적합한 교육과정 및 특수교육 관련서비스 제공을 통하여 이루어지는 맞춤형 교육이 필요하다. 그러나 무상교육이나 기타 경비의 지원에도 불구하고 근거리의 교육기관 부족으로 인해 교육권이 침해받고 교육격차는 점점 벌어지고 있다. 장애아동의 물리적 접근성을 높일 수 있도록 교육기관의 확충이 요구된다. 그리고 교육불평등과 교육격차를 해소하기 위해 교육기회 보장을 위한 돌봄과 교육복지를 통합적으로 운영할 필요가 있다. 따라서 장애아동의 유형 · 정도 등에 따라 필요한 서비스를 제공할 수 있도록 생애주기별 복지 수요에 기초한 종합적인 대책 수립이 필요하다.

5) 서비스 전달체계의 개편

같은 서비스임에도 불구하고 복지와 교육 부분에서 제도의 일관성이 없다. 서비스 대상자 선정 기준이 대체로 소득기준별로 지원하기 때문에 장애아동가족 모두에게 서비스가 제공되지 않는다. 장애아동의 지원대상을 교육부, 보건복지부 등 관련 부처에 따라 모두 지원하는 경우도 있고, 한정하는 경우도 있기 때문이다. 이러한 결과로 복지사각지대에 놓이는 장애아동가족이 발생하고, 그 피해는 고스란히 장애아동에게 돌아온다. 장애아동가족지원 복지정책에 대한 전달체계의 개편과 서비스의 일원화가 요구된다.

생각 더하기 장애아동 복지지원법

제1조(목적) 이 법은 국가와 지방자치단체가 장애아동의 특별한 복지적 욕구에 적합한 지원을 통합적으로 제공함으로써 장애아동이 안정된 가정생활 속에서 건강하게 성장하고 사회에 활발하게 참여할 수 있도록 하며, 장애아동 가족의 부담을 줄이는데 이바지함을 목적으로 한다.

제2조(정의) 이 법에서 사용하는 용어의 뜻은 다음과 같다.

1. "장애아동"이란 18세 미만의 사람 중 「장애인복지법」 제32조에 따라 등록한 장애인을 말한다. 다만, 6세 미만의 아동으로서 장애가 있다고 보건복지부장관이 별도로 인정하는 사람을 포함한다.
2. "장애아동 보호자"(이하 "보호자"라 한다)란 친권자, 후견인, 장애아동을 보호·양육·교육하거나 그 의무가 있는 자 또는 업무·고용 등의 관계로 사실상 장애아동을 보호·감독하는 자를 말한다.
3. "장애아동 복지지원"(이하 "복지지원"이라 한다)이란 국가와 지방자치단체가 장애아동의 특별한 복지적 욕구에 따라 의료비지원, 보육지원, 가족지원 및 장애아동의 발달에 필요한 지원 등 다양한 인적·물적 자원을 제공하는 것을 말한다.
4. "복지지원 대상자"란 이 법에 따라 복지지원을 받는 사람을 말한다.
5. "장애아동 복지지원 이용권"(이하 "복지지원 이용권"이라 한다)이란 그 명칭 또는 형태와 상관없이 이용자가 제공자에게 제시하여 일정한 복지지원을 받을 수 있도록 복지지원의 수량 또는 그에 상응하는 금액이 기재(전자적 또는 자기적 방법에 따른 기록을 포함한다)된 증표를 말한다.

제3조(기본이념) ① 장애아동을 위한 모든 활동에 있어서 장애아동의 이익이 최우선적으로 고려되어야 한다.

② 장애아동은 자신에게 영향을 미치는 모든 활동에 대하여 자신의 견해를 자유로이 표현할 권리를 최대한 보장받아야 한다.

제4조(장애아동의 권리) ① 장애아동은 모든 형태의 학대 및 유기·착취·감금·폭력 등으로부터 보호받아야 한다.

② 장애아동은 부모에 의하여 양육되고, 안정된 가정환경에서 자라나야 한다.

③ 장애아동은 인성 및 정신적·신체적 능력을 최대한 계발하기 위하여 적절한 교육을 제공받아야 한다.

④ 장애아동은 가능한 최상의 건강상태를 유지하고 행복한 일상생활을 영위하기 위한 의료적·복지적 지원을 받아야 한다.

⑤ 장애아동은 휴식과 여가를 즐기고, 놀이와 문화예술활동에 참여할 수 있는 기회를 제공받아야 한다.

⑥ 장애아동은 의사소통 능력, 자기결정 능력 및 자기권리 옹호 능력을 향상시키기 위한 교육 및 훈련 기회를 제공받아야 한다.

출처 : https://www.law.go.kr/lsInfoP.do?lsiSeq=232563&efYd=20220101#0000

07
CHAPTER

빈곤아동 보호서비스

1. 빈곤 및 빈곤아동의 개념
2. 빈곤아동의 현황
3. 빈곤아동을 위한 보호서비스의 내용
4. 빈곤아동 보호서비스 개선방안

07 CHAPTER 빈곤아동 보호서비스

아동빈곤 문제는 선진국을 포함한 대부분의 국가의 정책적 관심사이다. 아동빈곤은 국가의 경제 수준을 막론하고 모든 사회에 존재하고 있다. 아동이 건강하지 못할 때, 그 사회의 미래는 밝을 수 없다. 빈곤으로 인한 교육 기회 부재, 박탈 경험, 사회적 고립 등과 더불어 학대로 인한 정신건강 및 심리적 부적응 문제, 인간관계 형성과 사회성발달 저하 등은 개인의 경제적 안정과 사회의 경제 발전을 저해할 뿐만 아니라 범죄 등으로 이어질 가능성이 높다. 이 장에서는 빈곤 및 빈곤아동의 개념, 빈곤아동의 현황, 빈곤아동을 위한 보호서비스, 빈곤아동보호서비스의 개선 방안에 대해 살펴보고자 한다.

1. 빈곤 및 빈곤아동의 개념

빈곤은 우리사회에서 가장 오래되고 심각한 사회문제 중의 하나이다. 우리나라는 2011년 빈곤아동에 대한 법률인 「아동의 빈곤예방 및 지원 등에 관한 법률」의 제정을 통해 국가적 정의나 지원 대책 등이 논의되기 시작하였다.

1) 빈곤의 개념

(1) 절대적 빈곤

절대빈곤이란 가장 오래된 빈곤의 정의로, 생존을 위한 최소한의 물질결핍 상태 즉 인간이 살아가는데 있어 절대적으로 필요한 최소한의 욕구 또는 자원을 충족시키지 못하는 상태이다. 아동이 속한 가족의 월 경상소득이 최저생계비 이하이면 절대아동빈곤 가구로 규정한다. 절대적 빈곤은 최저생계비 또는 엥겔지수를 기준으로 산출가능하다.

(2) 상대적 빈곤

상대적 빈곤이란 공동체 인식을 반영하여 상대적으로 사회의 다른 사람들보다 적게 가지고 있다고 생각하는 것이다. 우리나라에서는 급속한 경제성장과 공공부조 제도로 인해서 절대빈곤은 상당히 완화되었지만, 사회의 양극화로 인한 불평등 심화는 구성원들에게 상대적 박탈감을 더 느끼게 만들고 있다. 상대적 빈곤이란 한 사회 안에서 다른 사람과 비교를 통해 빈곤한 상태를 측정하는 방법으로 절대적 빈곤의 추계가 실제적으로 어렵기 때문에 상대적 빈곤의 개념이 더 많이 사용되며, 국제기구에서도 상대적 빈곤의 개념을 주로 사용하고 있다. 상대적 빈곤은 사회의 소득분포를 대표하는 값을 산출하고 이에 일정 비율을 빈곤선으로 정하여 빈곤을 측정한다. 상대빈곤선은 시기와 국가에 따라서 변화하는데, OECD 등에서 대표적으로 사용되는 기준은 중위소득의 50% 이하의 소득선이지만 중위소득 40%와 60%도 동시에 사용한다.

(3) 주관적 빈곤

주관적 빈곤은 충분히 갖고 있지 않다고 느끼는 것을 말하는데, 이는 제3자의 판단에 의해 어떤 객관적인 수준이 정해지는 것이 아니라 개인의 주관적인 판단 수준에서 결정된다.

2) 빈곤아동의 개념

일반적으로 아동빈곤은 보통 18세 미만의 아동으로 빈곤한 가족에 속해 있는 경우로, 아동이 있는 가구의 빈곤을 의미한다. 「아동의 빈곤예방 및 지원 등에 관한 법률」에 따르면 '아동빈곤 '은 아동이 일상적인 생활여건과 자원이 결핍하여 사회적 · 경제적 · 문화적 불이익을 받는 빈곤한 상태를 말한다.

이어 '빈곤아동'을 생활여건과 자원의 결핍으로 인한 복지 · 교육 · 문화 등의 격차를 해소하기 위하여 지원이 필요한 아동이라고 정의하고 있다. 그 구체적인 기준은 보건복지부령으로 정한다. 아동의 빈곤예방 및 지원 등에 관한 법률 시행규칙에 의하면,「아동복지법」 제3조 제4호 및 제5호에 따른 보호대상아동 및 지원대상아동, 「국민기초생활 보장법」 제2조 제2호에 따른 수급자인 아동, 「한부모가족지원법」 제4조 제2호에 따른 한부모가족 및 「다문화가족지원법」 제2조 제1호에 따른 다문화가족의 아동 등 복지 · 교육 · 문화 등의 격차를 해소하기 위하여 사회적 · 경제적 · 문화적 지원이 필요하다고 보건복지부장관이 인정하는 아동이 해당된다.

2. 빈곤아동의 현황

빈곤아동의 사회적 박탈을 최소화하기 위해서는 아동빈곤 실태를 정확히 진단하는 것이 우선이다. 2022년 빈곤통계연보에 따르면, 2016~2020년 기간 동안 아동빈곤율은 지속적으로 하락하는 추세를 보였다. 빈곤율은 빈곤선 미만 소득 계층 개인 또는 가구의 비율이며, 아동빈곤율은 빈곤선 미만의 아동이 전체 아동 중에서 차지하는 비율을 의미한다. 2022년 빈곤통계연보에 따르면, 18세 미만의 아동 대상의 아동빈곤율은 2020년 시장소득 기준 12.9%, 가처분소득 기준 9.8%로 상대적으로 노인(58.8%), 장애인(54.8%), 한부모 가구(40.5%) 등 다른 인구집단에 비해 낮은 편이다.

〈표 7-1〉 18세 미만 빈곤율(중위소득 50% 기준)

구분	18세 미만 아동		노인		청년		장애인		한부모	
	시장 소득	가처분 소득	시장 소득	가처분 소득	시장 소득	가처분 소득	시장 소득	가처분 소득	시장 소득	가처분 소득
2016	15.5	15.2	58.7	43.6	11.0	10.4	49.7	40.6	48.2	42.3
2017	14.5	14.2	58.4	42.3	11.4	10.6	51.8	40.3	48.6	38.7
2018	13.1	12.3	59.9	42.0	10.6	9.5	54.6	41.5	49.1	38.6
2019	12.1	10.6	59.8	41.4	10.9	8.9	56.0	42.0	44.9	30.1
2020	12.9	9.8	58.8	48.2	10.6	8.2	54.8	39.5	40.5	22.4

출처 : 한국보건사회연구원(2022). 2022년 빈곤통계연보.

또한 국제적으로도 2020년 가처분소득 기준 아동빈곤율은 우리나라가 9.8%로 일본 14.0%, 미국 18.8%, 호주 13.3%, 프랑스 13.2%, 독일 11.1% 등 주요 국가와 비교해 볼 때 낮은 편이다.

Tip

시장소득은 근로 · 사업 · 재산소득에 가족, 지인 등으로부터 얻은 사적이전소득을 더하고 사적이전지출을 뺀 소득이다. 처분가능소득은 시장소득에 정부가 지급하는 연금과 수당, 장려금 등 공적이전소득을 더하고 공적이전지출을 뺀 소득이다.

2018 아동종합실태조사에 따르면, 국민기초생활수급가구의 아동이 일반아동에 비해, 소득수준이 낮은 가구의 아동이 소득이 중상 이상의 아동들에 비해, 그리고 한부모 · 조손가정의 아동들이 양부모 가정에 비하여, 가구원 중 한 명이라도 경제활동을 하는 가구의 아동이 경제활동을 하는 가구원이 있는 가구에 비해 거의 모든 아동의 삶의 질(wellbeing) 영역에서 취약한 것으로 나타났다(보건복지부 · 한국보건사회연구원, 2019). 또한 아동의 인구경제사회학적 특성별로 아동의 결핍수준을 보면 기초생활수급여부 및 낮은 소득수준, 한부모 및 조손가구 여부와 높은 상관관계를 보인다. 아동결핍지수 역시 저소득수급 아동 표본에서 67%로 나타나 일반가구아동의

29.9%보다 높았다.

빈곤은 특히 다른 연령에 비해 아동기에 더 큰 부정적인 영향을 미치며, 부모가 취업을 하고 있어 돌봐줄 양육자가 없는 저소득층 아동들은 방임되거나 사회적으로 방치된 상태에서 성장하게 될 위험을 안고 있고, 자존감 저하나 인간관계에서 어려움을 느끼고, 비행청소년화할 위험성도 높다(Esping-Andersen, 2002). 그리고 빈곤한 아동은 경제적 박탈뿐 아니라 신체적, 사회문화적, 그리고 심리적 박탈 등을 경험하게 된다(임아름, 2019). 이러한 결과는 저소득 빈곤가구 아동의 소득격차가 다양한 부분에 영향을 미치고 있다는 것을 보여준다.

빈곤가구, 한부모 가구의 아동들은 의식주 및 절대적인 물질적 환경에서의 박탈, 관계, 문화와 교육, 꿈과 기회 등 다차원적 결핍과 차별을 일상에서 경험하고 있는 것으로 나타났다. 또래관계 영역에서도 3~8세 아동의 또래관계에서 함께 어울려 노는 친구 수는 3~5명이 65%로 가장 높게 나타났으나, 중위소득 50% 미만의 저소득 빈곤가구의 아동, 수급가구의 아동, 벌이가 없거나 기타 가구의 아동은 어울려 노는 또래친구가 없다고 응답한 비율이 상대적으로 높게 나타났다(보건복지부 · 한국보건사회연구원, 2019).

3. 빈곤아동을 위한 보호서비스의 내용

빈곤아동의 복지 · 교육 · 문화 등의 분야에서 소외와 차별을 받지 아니하도록 제도적 기반을 마련하는 것을 목적으로 하는 「아동의 빈곤예방 및 지원 등에 관한 법률」에 따라 우리나라는 다양한 서비스를 제공하고 있다.

1) 통합서비스 지원 : 드림스타트

(1) 드림스타트의 개념 및 목적

드림스타트는 가족해체, 사회양극화 등에 따라 아동빈곤 문제의 심각성이 대두되면서 취약계층 아동에게 보건 · 복지 · 교육 등 맞춤형 통합서비스를 제공하여 아동의 건강한 성장과 발달을 도모하고 공평한 출발기회를 보장함으로써, 건강하고 행복한 사회구성원으로 성장할 수 있도록 지원하는 취약계층아동 대상의 통합사례관리 서비스라고 볼 수 있다. 그리고 양육환경, 아동 발달영역(신체 · 건강, 인지 · 언어, 정서 · 행동) 및 발달단계를 고려한 통합적 · 전문적 서비스 지원으로, 아동 · 가족의 긍정적 변화를 통한 아동의 전인적 발달을 도모한다. 드림스타트의 목적은 지역사회 내 다양한 기관 간의 팀 접근을 통해 취약계층 아동과 가족 전체의 문제해결 및 가족기능 향상, 안정적 양육환경을 위한 탈빈곤을 지원하는 것이다.

(2) 드림스타트의 사업대상

사업대상은 만 12세 이하(초등학생 이하)의 취약계층 아동 및 가족, 임산부로, 기본대상은 국민기초생활수급자 또는 차상위계층, 한부모가정 등의 아동이며, 특화대상은 사회적으로 취약한 법정한부모 외 한부모가정, 다문화, 조손가정이다.

추가 사업대상은 13세 이상의 초등학교 재학 아동과 연령도래 종결시점(만 12세 이후)의 위기, 집중사례관리 아동중 지속사례관리가 필요한 아동(사례회의 및 지방자치단체장의 승인하에 최대 만 15세까지 연장 가능)은 추가적으로 가능하다. 그리고 보호대상아동은 원칙적으로 제외하나, 발굴된 보호대상아동은 시 · 군 · 구 아동보호팀(아동보호전담요원, 아동학대전담공무원 등)으로 의뢰한다. 해당 지역 내 적절한 전달체계가 없는 경우에도 해당된다(보건복지부, 2023c).

(3) 드림스타트의 사업내용

드림스타트의 주된 사업내용은 취약계층 아동과 가족 중 사업대상 아동 발굴 및 문제 · 욕구 파악, 지역자원 연계를 통해, 건강, 영양, 교육, 문화, 복지 등의 사전 예방적 맞춤형 통합서비스 제공이다. 영역별 지원내용은 다음과 같다.

〈표 7-2〉 드림스타트 사업서비스 내용

서비스 구분	서비스 내용	프로그램 예시
신체 · 건강	• 아동의 건강한 성장과 신체발달 증진 • 건강한 생활을 위한 건강검진 및 예방, 치료 • 아동 발달에 필요한 신체/건강 정보 제공	• 건강검진, 예방접종, 건강교육, 영양교육 등
인지 · 언어	• 아동의 의사소통 및 기초학습 능력 강화 • 맞춤형 인지/언어 서비스를 통한 아동의 강점 개발	• 기초학력검사, 기초학력배양, 경제교육, 독서지도 등
정서 · 행동	• 자아존중감 및 긍정적 성격 형성을 위한 정서발달 서비스 제공 • 사회성 발달 및 아동 권리 신장을 위한 교육	• 사회성발달프로그램, 아동학대예방, 심리상담 및 치료, 돌봄기관 연계 등
부모 · 가족	• 부모자녀 상호작용 및 적합한 교육환경을 위한 부모 역량 강화 • 부모의 유능감 및 자존감 강화 • 부모의 양육기술 지원 • 임산부의 건강한 출산 및 양육 지원	• 부모교육, 가족상담 및 치료, 부모취업지원, 산전산후관리 등

출처 : 드림스타트 홈페이지(https://www.dreamstart.go.kr).

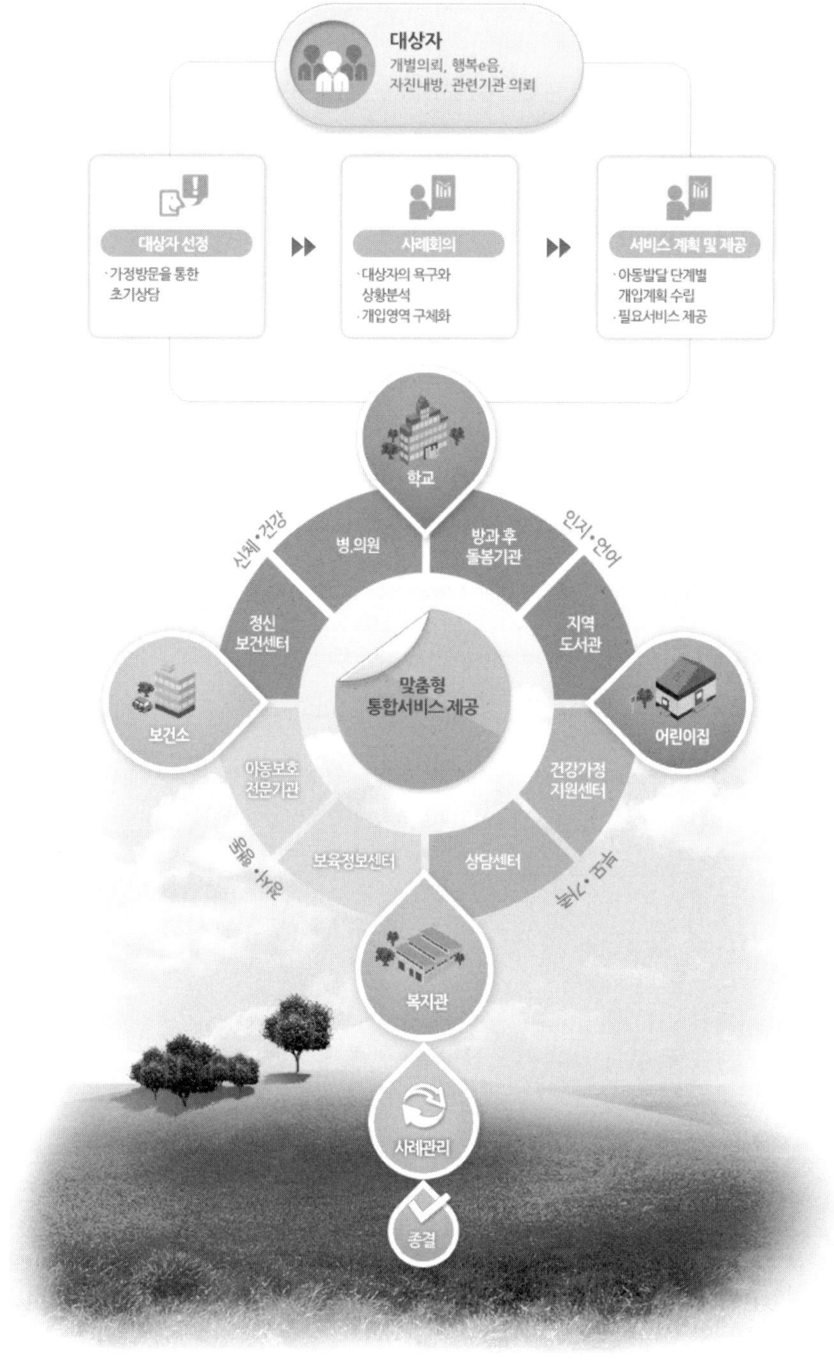

┃그림 7-1┃ 드림스타트의 지원과정

출처 : 드림스타트 홈페이지(https://www.dreamstart.go.kr).

(4) 드림스타트의 방법

전국 시 · 군 · 구 드림스타트 전담부서에 배치된 보건 · 복지 · 교육 분야별 전담공무원 및 아동통합사례관리사가 다음과 같이 사업을 수행한다.

① 인적정보관리, 욕구조사, 드림스타트 아동발달 사정을 기반으로 대상아동 및 가족의 욕구 및 문제를 파악한다.

② 대상아동 및 가족의 욕구 및 문제 해결을 위한 서비스 목표와 계획을 수립한다.

③ 지역사회의 다양한 기관 및 자원을 연계하여 서비스를 제공하고, 지속적인 모니터링을 실시하여 대상아동 및 가족의 변화 파악한다.

(5) 드림스타트에서의 아동통합사례관리과정

아동통합사례관리는 대상아동 및 그 가족에 대한 기초정보, 아동의 양육환경 및 발달상태 정보를 기준으로 지역자원과 연계한 맞춤형 통합서비스 제공, 정기적 점검 및 지속적 모니터링 등 통합사례관리를 지원한다. 드림스타트의 통합사례관리과정은 접수, 사정, 계획, 실행, 점검, 종결로 이루어져 있으며 ❙그림 7-2❙와 같다.

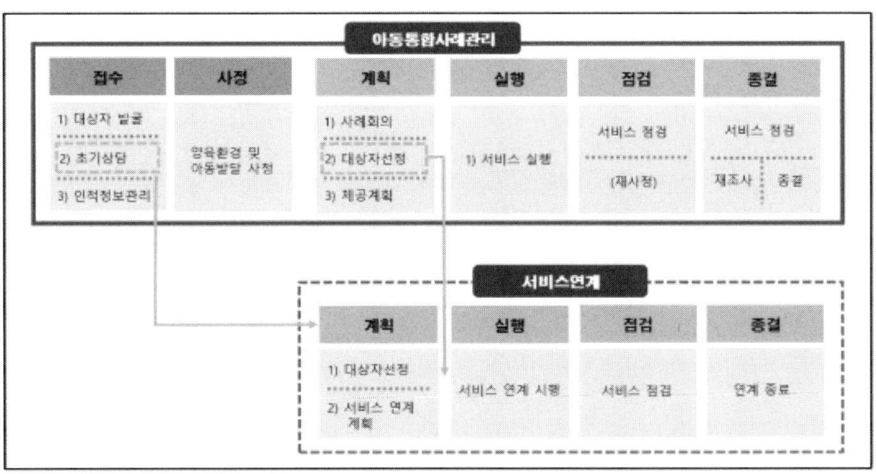

❙그림 7-2❙ 드림스타트 통합사례관리과정

출처 : 보건복지부(2023c). 2023 드림스타트 사업안내.

2) 디딤씨앗통장

(1) 개념 및 목적

디딤씨앗통장은 미래성장동력인 아동에 대한 사회투자로 정부에서 운영하는 유일한 아동자산형성 지원사업이다. 2007년 4월부터 미래 성장 동력인 아동에 대한 사회투자로 빈곤의 대물림을 방지하고 건전한 사회인 육성을 위해 “아동발달지원계좌(CDA : Child Development Account)”를 추진하여 시행하고 있다. 취약계층 아동이 사회에 진출할 때 필요한 학자금 · 취업 · 창업 · 주거마련 등에 소요되는 초기비용 마련을 위한 자산형성을 적극적 · 장기적으로 지원함으로써, 빈곤의 대물림을 방지하고 건전한 사회인을 육성하고자 함을 목적으로 한다(아동권리보장원, 2023).

(2) 지원대상 및 지원내용

디딤씨앗통장의 지원대상은 만 18세 미만의 보호대상아동(아동양육시설, 공동생활가정, 가정위탁, 장애인생활시설, 소년소녀가정 아동) 및 만 12~18세 미만의 중위소득 40% 이하의 수급 가구(생계, 의료 급여) 아동 중 신규선정한다. 기가입아동이더라도 보호대상아동이 가정복귀 시, 보호구분을 ‘가정복귀’로 변경하여 계속 지원하고, 기초생활수급가구 아동 또한 해당 가정이 중위소득 40%를 초과해도 계속 지원한다.

대상 아동이 디딤씨앗통장에 적립하면 국가(지자체)가 1:2 매칭펀드로 월 10만 원 내에서 지원한다. 아동이 후원자 또는 보호자의 후원으로 월 5만 원 이내의 금액(최대 적립금액은 월 50만 원)을 저축하면, 국가(지자체)에서 만 18세 미만까지 저축액의 2배에 해당하는 액수 1:2로 매칭하여 국가(지자체)가 월 10만 원 내에서 지원한다. 만 18세 이후 사회진출 시 학자금, 전세금, 창업자금 등으로 사용토록 한다.

* 아동(보호자, 후원자)이 매월 일정금액 적립 시 국가(지자체)가 월 10만원 내에서 1 : 2 매칭 지원

| 그림 7-3 | 디딤씨앗통장

출처 : 아동권리보장원 홈페이지(https://www.ncrc.or.kr).

4. 빈곤아동 보호서비스 개선방안

1) 빈곤가정 부모지원의 확대

아동의 빈곤 경험은 이후 세대의 빈곤 대물림과도 연계될 수 있기 때문에, 빈곤아동의 부모에 대한 지원은 필수적으로 이루어져야 한다. 빈곤아동 가구에 대한 아동수당과 같은 소득지원이 이루어지고 있지만, 빈곤아동 가족의 고용안정 정책이 고려되어야 한다. 또한 고용을 통한 빈곤 탈출 및 빈곤 진입 예방을 위하여 실업 가구주에 대한 직업훈련, 주거비 · 의료비 · 교육비 또는 서비스 지원을 통한 생활수준 개선 방안 등이 마련되어야 한다.

또한 맞벌이 가구 중 빈곤을 경험하는 아동의 경우, 방임이 발생될 수 있기 때문에 이에 대한 예방책으로 맞벌이가구 아동에 대한 보육서비스 지원이 강화되어야 하며 부모의 양육기술을 습득할 수 있는 교육도 함께 이루어져야 한다.

다자녀가족일수록 아동빈곤율이 높은 점을 염두에 두어 아동지원정책이 보완되어야 한다. 저출산시대에 다자녀를 지원하는 정책이 더욱 강화되어야 하고, 각종 세제혜택과 지원금, 수당 등을 통해서 다자녀가구가 자녀를 양육하는 데 어려움이 없도록 충분한 재정적인 지원이 필요하다.

2) 다차원적인 빈곤예방정책 수립

빈곤의 대물림이 강화되는 현실에서 취약계층 아동에 대한 좀 더 포괄적이고 통합적인 지원이 강화될 필요가 있다. 일반가구와 수급가구의 교육에 대한 결핍도를 분석한 결과에 의하면, 두 가구 유형 간 교육투자의 격차가 매우 크게 나타났다. 식생활, 의생활, 주거환경과 주거공간, 학습 환경, 놀이와 문화활동, 사회적 자본 형성, 절대적 박탈 등 모든 영역에서 수급가구 아동의 결핍과 박탈 수준은 일반가구 아동에 비해 상당한 격차로 더 높았다(보건복지부, 한국보건사회연구원, 2019).

빈곤은 건강, 발달, 관계. 양육, 여가 및 문화, 안전, 주거 등의 환경 전반 전반에 걸쳐 격차를 심화시키고 있다. 특히 아동이 이런 박탈에 노출될 경우 더 큰 좌절감을 느낄 수 있다. 2018 아동종합실태에 따르면 아동의 인지발달과 정서발달에 소득 간 격차가 발생하고 있어 사회적 관심이 요구되기에(보건복지부, 한국보건사회연구원, 2019), 빈곤 저소득가구 자녀에 대한 교육복지 강화의 필요성이 제기된다. 이런 측면에서 볼 때 빈곤만의 문제가 아니라 다차원적인 측면에서 아동빈곤의 문제를 접근하고, 계층 간 격차 심화에 대한 정책적 대응이 요구된다.

생각 더하기 **빈곤 아동 44만 명‥"더 좋은 곳에 살고 싶지만"**

[앵커]

우리나라에는 줄잡아 44만 명의 '빈곤 아동'이 있습니다. 가난은 이 아이들이 먹고 자고 입는 것은 물론 배움의 기회마저 차별받게 해서 그 가난이 대물림될 우려도 높습니다. 우리 사회가 이 아이들을 잘 보듬어 키우는 건 모두가 말하는 저출생 문제의 해법과도 맞닿아 있습니다. 뉴스데스크는 빈곤에 갇힌 우리 아이들의 이야기를 듣는 연속기획을 준비했습니다. 부산의 다솜이네 집은 가파른 비탈길을 올라가야 나옵니다. 6살 다솜이네는 모두 5남매. "엄마, 이거 선물이야." 비나 눈이 오는 날, 5남매는 집 밖으로 나가지 않습니다. 경사진 언덕길이 위험해서입니다. 비가 내린 지난 어린이날에도 복지관에서 보낸 선물을 며칠 지나 받았습니다.

[다솜이 (가명)]

"겨울엔 너무 추워요. 얼음 때문에 확 미끄러질 것 같아요." 온통 빈집들로 둘러싸인 달동네. 아이들은 어울릴 친구가 없습니다.

[다솜이 언니]

"이사 가고 싶다. 친구 집 가까운 곳." 하지만 아빠는 이 집을 떠날 수 없습니다. 친척이 버려둔 집이라 월세 걱정 없이 살 수 있기 때문입니다.

[다솜이 아빠]

"(제가) 장애도 있고 너무 왜소해서 막노동 같은 것도 못해서 오토바이 운전직으로 조금씩 생활비를‥"

==

주택법엔 최소한의 주거기준이 정해져 있습니다. 부부가 사는 2인 기준으로 26 제곱미터, 아이가 1명씩 늘 때마다 조금씩 넓어집니다. 이 기준에 못 미치는 곳에 사는 아이들이 44만 명, 전체 아동의 5%입니다. 절반 이상이 수도권에 몰려 있습니다. 열악한 거주환경은 아이들의 건강에 영향을 끼칩니다.

[황혜나/초록우산어린이재단]

"아토피라든지 피부 질환이 좀 일반 가정 아동들보다 많은 건 사실이에요. 호흡기 질환도 물론 있고요." 학업 성취도나 사회성이 더 낮아진다는 조사 결과도 있습니다.

[최은영/한국도시연구소장]

"아동 정책에는 주거가 없는 이상한 상황이 지금 벌어지고 있습니다. 이런 주거 빈곤이라는 게 굉장히 중요한, 빈곤이 대물림 되는 기제로 작용하고 있어요."

열악한 집에서 벗어나길 바라는 아이들, 하은이 엄마는 아이가 너무 일찍 세상을 알아버릴까 봐 마음이 무겁습니다.

출처 : 뉴스데스크(2023. 5. 22). https://imnews.imbc.com/replay/2023/nwdesk/article/6486231_36199.html

08

CHAPTER

아동학대

1. 아동학대의 개념 및 유형
2. 아동학대 원인 및 현황
3. 아동학대의 개입절차
4. 아동학대 보호서비스의 내용
5. 아동학대 보호서비스의 개선방안

08 CHAPTER

아동학대

아동학대는 그 자체로도 아동에게 고통을 주지만 더 큰 문제는 학대 이후 아동발달에 부정적인 영향을 미친다는 것이다. 끊이지 않고 일어나는 아동학대를 예방하기 위해서는 무엇보다도 사회적인 인식 제고가 필요하다. 아동의 성장과 발달을 지원하고, 학대에 노출된 아동의 권익을 보호하기 위해, 이 장에서는 아동학대의 개념 및 유형, 원인 및 현황, 개입절차, 보호서비스의 내용, 개선 방안에 대해 살펴보고자 한다.

1. 아동학대의 개념 및 유형

1) 아동학대의 개념

아동학대는 아동의 발달 전반에 걸쳐 심리적 그리고 사회적으로 심각한 영향을 미치며 그 후유증은 장기간 지속되어 아동에게 치명적인 영향을 미친다(하나영, 2023). 이에 아동학대에 대한 명확한 개념 정립부터 해야 한다. 아동복지법이나 관련 정책에 아동학대의 개념이 제시되어 있지만, 그 내용이 포괄적이기 때문에 관련 주체마다 자의적인 해석이 이루어지고 있다.

「아동복지법」 제3조에 따르면, '학대'란 보호자를 포함한 성인이 아동의 건강 또는 복지를 해치거나 정상적 발달을 저해할 수 있는 신체적 · 정신적 · 성적 폭력이나 가혹행위를 하는 것과 아동의 보호자가 아동을 유기하거나 방임하는 것을 말한다. 법적 아동학대의 정의에서 볼 때, 학대는 적극적인 가해행위뿐만 아니라 소극적 의미의 단순 체벌 및 훈육까지 아동학대의 정의에 포함시키고 있음을 알 수 있다.

아동학대는 2014년 9월 개정된 「아동복지법」과 「아동학대범죄의 처벌 등에 관한 특례법」이 시행됨에 따라 아동학대에 대한 국가책임 확대 및 국민인식에 큰 변화를 가져왔다. 2015년 「아동복지법」의 개정으로 보호자의 책무에 대한 신체적 · 정신적 고통 금지를 명문화하여 인식을 개선하고, 어린이집 · 유치원 · 학교에서 아동학대 신고의무자에 대한 직장교육을 의무화하였다. 그리고 아동학대 보호기관 인프라의 확충 및 학대예방 · 보호 실효성의 강화를 위해, 2015년 아동학대예방사업 국고보조사업으로 환원하여 아동학대예방의 실효성을 강화하였다.

2) 아동학대의 유형

아동학대는 신체학대, 정서학대, 성학대, 방임으로 나누어진다.

(1) 신체학대

신체학대는 아동의 부모나 양육자가 아동에게 가한 행위로 아동의 신체에 상해를 초래하는 행위이다. 보호자를 포함한 성인이 아동의 건강 또는 복지를 해치거나 정상적 발달을 저해할 수 있는 신체적 폭력이나 가혹행위를 하는 것으로, 보호자를 포함한 성인이 아동에게 우발적인 사고가 아닌 상황에서 신체적 손상을 입히거나 또는 신체손상을 입도록 허용한 모든 행위를 말한다.

〈표 8-1〉 신체학대의 내용

구 분	내 용
구체적인 행위	• 직접적으로 신체에 가해지는 행위(손, 발 등으로 때림, 꼬집고 물어뜯는 행위, 조르고 비트는 행위, 할퀴는 행위 등) • 도구를 사용하여 신체를 가해하는 행위(도구로 때림, 흉기 및 뾰족한 도구로 찌름 등) • 완력을 사용하여 신체를 위협하는 행위(강하게 흔듦, 신체 부위 묶음, 벽에 밀어붙임, 떠밀고 잡음, 아동 던짐, 거꾸로 매닮, 물에 빠트림 등) • 신체에 유해한 물질로 신체에 가해지는 행위(화학물질 혹은 약물 등으로 신체에 상해를 입히는 행위, 화상을 입힘 등)
신체적 징후	• 설명하기 어려운 신체적 상흔 • 발생 및 회복에 시간차가 있는 상처 • 비슷한 크기의 반복적으로 긁힌 상처 • 사용된 도구의 모양이 그대로 나타나는 상처 • 담뱃불 자국, 뜨거운 물에 잠겨 생긴 화상자국, 회음부에 있는 화상자국, 알고 있는 물체 모양(다리미 등)의 화상자국, 회복속도가 다양한 화상자국 • 입, 입술, 치은, 눈, 외음부 상처 • 긁히거나 물린 자국에 의한 상처 • 손목이나 발목에 긁힌 상처, 영유아에게 발견된 붉게 긁힌 상처 • 성인에 의해 물린 상처 • 겨드랑이, 팔뚝 안쪽, 허벅지 안쪽 등 다치기 어려운 부위의 상처 • 대뇌 출혈, 망막출혈, 양쪽 안구 손상, 머리카락이 뜯겨나간 두피 혈종 등을 동반한 복잡한 두부 손상 • 고막 천공이나 귓불이 찢겨진 상처와 같은 귀 손상 • 골격계 손상, 시간차가 있는 골절, 치유 단계가 다른 여러 부위의 골절, 복합 및 나선형 골절, 척추 손상(특히 여러 군데의 골절), 영·유아의 긴 뼈에서 나타나는 간단 골절, 회전상 골절, 걷지 못하는 아이에게서 나타나는 대퇴골절, 골막하 출혈의 방사선 사진, 골단 분리, 골막 변형, 골막 석회화 • 간혈종, 간열상, 십이지장 천공, 궤양 등과 같은 복부손상 • 폐 좌상, 기흉, 흉막삼출과 같은 흉부손상
행동적 징후	• 어른과의 접촉 회피 • 다른 아동이 울 때 공포를 나타냄 • 공격적이거나 위축된 극단적 행동 • 부모에 대한 두려움 • 집에 가는 것을 두려워함 • 위험에 대한 지속적인 경계

출처 : 아동권리보장원(https://www.ncrc.or.kr).

(2) 정서학대

정서학대란 아동에게 직접적으로 신체 손상을 입히지는 않지만 아동에게 언어적·상징적 행위를 가함으로써 두려움 또는 정서적 손상을 촉발시키는 행위를 의미한다. 정서학대는 다른 유형의 학대에 동반하여 발생하는 경우가 많다.

보호자를 포함한 성인이 아동의 건강 또는 복지를 해치거나 정상적 발달을 저해할 수 있는 정신적 폭력이나 가혹행위를 하는 것으로, 보호자를 포함한 성인이 아동에게 행하는 언어적 모욕, 정서적 위협, 감금이나 억제, 기타 가학적인 행위를 말하며 언어적, 정신적, 심리적 학대라고도 한다.

〈표 8-2〉 정서학대의 내용

구 분	내 용
구체적인 행위	• 언어 폭력행위(소리 지름, 무시 또는 모욕, 원망적·거부적·적대적·경멸적 언어폭력, 아동에게 시설 등에 버리겠다고 반복적으로 위협하는 행위 등) • 정서적 위협(공포 분위기 조성, 좁은 공간에 혼자 가둬둠, 집 밖으로 쫓아냄, 미성년자 출입금지 업소에 지속적으로 아동들을 데리고 다니는 행위, 가정폭력에 노출시킴, 잠을 재우지 않거나 다른 아동을 학대하도록 강요하는 행위 등) • 아동에 대한 비현실적인 기대를 강요하는 행위(돈을 벌어오라며 위협, 아동의 연령 적절하지 않은 과도한 과업이나 행동 요구 등) • 형제나 친구 등과 비교·차별·편애·왕따 시키는 행위 등
신체적 징후	• 발달지연 및 성장장애 • 신체발달 저하
행동적 징후	• 특정물건을 계속 빨고 있거나 물어뜯음 • 행동장애(반사회적, 파괴적 행동장애) • 신경성 기질 장애(놀이장애) • 정신신경성 반응(히스테리, 강박, 공포) • 언어장애 • 극단행동, 과잉행동, 자살시도 • 실수에 대한 과잉 반응 • 부모와의 접촉에 대한 두려움

출처 : 아동권리보장원(https://www.ncrc.or.kr).

(3) 성학대

성학대는 보호자를 포함한 성인이 아동의 건강 또는 복지를 해치거나 정상적 발달을 저해할 수 있는 성적 폭력이나 가혹행위를 하는 것이다. 보호자를 포함한 성인이 자신의 성적 충족을 목적으로 18세 미만의 아동에게 행하는 모든 성적 행위를 말한다. 성학대의 가장 큰 문제는 아동에게 학대를 가한 자가 아동과 보호관계에 있는 사람이 많기 때문에 가해자가 아동에게 압력을 가하거나 보복이 두려워 타인에게 알리지 못하는 경우가 많다는 것이다.

〈표 8-3〉 성학대의 내용

구 분	내 용
구체적인 행위	• 자신의 성적만족을 위해 아동을 관찰하거나 아동에게 성적인 노출을 하는 행위(옷을 벗기거나 벗겨서 관찰하는 등의 관음적 행위, 성관계 장면 노출, 나체 및 성기노출, 자위행위 노출 및 강요, 음란물을 보여주는 행위 등) • 아동을 성적으로 추행하는 행위(구강추행, 성기추행, 항문추행, 기타 신체부위를 성적으로 추행하는 행위 등) • 아동에게 유사성행위를 하는 행위(드라이성교, 구강성교, 항문성교) • 성교를 하는 행위(성기삽입) • 성매매를 시키거나 성매매를 매개하는 행위 등
신체적 징후	• 신체적 지표 : 학령전 아동의 성병 감염, 임신 • 생식기의 증거 : 아동의 질에 있는 정액, 찢기거나 손실된 처녀막, 질에 생긴 상처나 긁힌 자국, 질의 홍진, 배뇨 곤란, 요도염, 생식기의 대상포진, 회음부의 동통과 가려움 • 항문증후 : 항문 괄약근의 손상, 항문 주변의 멍이나 찰과상, 항문 내장이 짧아지거나 뒤집힘, 항문 입구에 생긴 열창, 항문이 좁아짐, 변비, 대변에 혈액이 나옴 • 구강 증후 : 입천장의 손상, 인두임질
행동적 징후	• 성적 행동지표 : 나이에 맞지 않는 성적 행동, 해박하고 조숙한 성 지식, 명백하게 성적인 묘사를 한 그림들, 타인과의 성적인 상호관계, 동물이나 장난감을 대상으로 하는 성적인 상호관계 • 비성적인 행동지표 : 위축, 환상, 유아적 행동(퇴행 행동), 자기 파괴적 또는 위험을 무릅쓴 모험적인 행동, 충동성, 산만함 및 주의집중장애, 혼자 남아 있기를 거부 또는 외톨이, 특정 유형의 사람들 또는 성에 대한 두려움, 방화/동물에게 잔혹함(주로 남아의 특징), 비행, 가출, 약물 및 알콜 남

	용, 자기 파괴적 행동(자살시도), 범죄행위, 우울, 불안, 사회관계의 단절, 수면장애, 유뇨증·유분증, 섭식장애(폭식증·거식증), 야뇨증, 외상 후 스트레스 장애, 저조한 학업수행

출처 : 아동권리보장원(https://www.ncrc.or.kr).

(4) 방임

방임은 보호자가 아동에게 위험한 환경에 처하게 하거나 아동에게 필요한 의식주, 의무교육, 의료적 조치 등을 제공하지 않는 행위를 말하며, 유기란 보호자가 아동을 보호하지 않고 버리는 행위를 말한다.

〈표 8-4〉 방임의 내용

구 분	내 용
구체적인 행위	• 물리적 방임(기본적 의식주를 제공하지 않음, 위험과 상해로부터 아동을 보호하지 않음, 불결한 환경 및 위험상황에 아동 방치, 아동을 병원에 입원시키고 사라짐 등) • 교육적 방임(정당한 사유 없이 의무교육을 제공하지 않음, 무단결석을 허용하거나 지도하지 않는 등 아동의 교육적 욕구 및 의무에 대한 방치행위 등) • 의료적 방임(필요한 의료적 처치 거부 등) • 유기(아동을 보호하지 않고 버림, 시설근처에 버리고 감, 친족에게 연락하지 않고 무작정 친족 거주지 근처에 아동을 두고 사라지는 등의 행위 등)
신체적 징후	• 발달지연 및 성장장애 • 비위생적인 신체상태 • 예방접종과 의학적 치료 불이행으로 인한 건강상태 불량 • 아동에게 악취가 지속적으로 나는 경우
행동적 징후	• 계절에 맞지 않는 부적절한 옷차림 • 음식을 구걸하거나 훔침 • 비행 또는 도벽 • 학교에 일찍 등교하고 집에 늦게 귀가함 • 지속적인 피로 또는 불안정감 호소 • 수업 중 조는 태도 • 잦은 결석

출처 : 아동권리보장원(https://www.ncrc.or.kr).

한편 학대에 노출된 영유아가 나타내는 징후는 학대나 방임의 특성, 발생 시기, 지속기간, 강도, 영유아 개인의 특성 등에 따라 다양한 편이다. 어떤 영유아는 분명하고 심각한 문제를 나타내기도 하지만, 다른 영유아는 미세한 행동변화를 나타내기도 한다.

다음과 같은 특성들은 학대나 방임으로 나타날 수 있는 문제이기도 하고, 학대와 무관한 다른 원인으로 인해 나타날 수도 있다. 그럼에도 불구하고 다음 징후들은 학대에 노출된 영유아나 가족이 지원이나 중재의 '도움을 요청하는 신호'일 수 있다.

〈표 8-5〉 학대의 징후

발달지연	영유아기에 일관되고 풍부한 경험이 부족하면 동작, 언어, 사회, 인지 발달의 지연이 나타날 수 있다.
섭식행동문제	심각한 방임을 경험한 영유아는 음식을 감추거나 모으는 행동을 보일 수 있다.
진정행동	어떤 영유아는 머리를 벽에 부딪치거나, 앞뒤로 흔들거나, 긁거나, 상처를 내는 등의 평범하지 않은 진정행동을 보인다.
정서문제	학대에 노출된 영유아가 나타내는 정서문제의 범위는 매우 넓고, 대개는 우울과 불안을 동반한다. 이 외 어떤 영유아는 성인에게 매우 빨리 애착을 형성하기도 하는데, 이는 안전에 대한 영유아의 기본 욕구 때문인 것으로 보인다.
부적절한 모델링 행동	학대하는 성인을 모방한 행동, 성인의 성적인 행동에 대한 모방 행동을 나타낸다. 영유아가 이렇게 행동하는 이유는 이것이 타인과 상호작용하는 '올바른' 방법이라고 배웠기 때문이다.
공격성	학대에 노출된 영유아는 또래에게 공격적이거나 잔인한 행동을 나타낼 수 있다. 학대나 방임의 결과, 이들 영유아는 공감능력이 부족하고 충동 조절이 어려우며, 자신의 행동이 타인에게 미치는 영향에 대해 이해하는 능력이 떨어진다.

출처 : 보건복지부 · 한국보육진흥원(2023). 어린이집 아동학대 예방 및 대응 매뉴얼.

2. 아동학대 원인 및 현황

1) 아동학대의 원인

아동학대의 발생 원인은 학대 가해자의 병리적 특성, 아동이나 부모의 특성, 가구의 특성, 사회문화적 특성 등 매우 다양하다. 아동학대에 관한 이론적 논의는 학대 발생 원인을 어떠한 관점에서 바라보는가에 따라 매우 다양하다. 여기서는 정신병리학적 관점, 발달론적 관점, 사회상호작용론 관점, 생태학적 관점으로 구분하여 살펴보고자 한다.

(1) 정신병리학적 관점

이 관점은 현재도 널리 받아들여지고 있는데, 정신병리학적 관점은 학대 행위자의 특성 즉 학대를 가하는 사람의 병리적 특성에 아동학대의 발생 원인을 둔다. 학대가해자의 정신적 결함이나 병리적 특성(우울증, 분노, 공격적 성향, 강박, 감정이입 능력의 결함, 낮은 자존감 등)이 학대를 유발한다고 본다. 아동을 양육하는 자의 병리적인 특성이 아동학대와 높은 상관관계를 가지고 있다고 보는 입장이다. 아동학대행위자가 어린 시절에 그들의 부모로부터 경험한 심리적 압박감(비난, 무시, 과잉 기대, 실수의 불용납 등)이 심리·정서적인 문제로 고착되어 아동을 학대하게 된다는 것이다.

(2) 발달론적 관점

아동학대 발생의 주요한 원인을 아동의 발달적 특성에 초점을 두는 입장이다. 이 관점에서는 아동의 까다로운 기질, 신체적 혹은 정신적 장애 등 아동의 특성에 따라 아동학대가 나타날 수 있다고 보는 입장이다.

(3) 사회문화적 관점

사회문화적 관점은 아동과 가정을 둘러싸고 있는 사회문화적 맥락에서

학대의 요인을 찾는다. 따라서 아동에 대한 인식이나 태도, 사회의 체벌허용 분위기, 사회적 박탈감, 실직이나 불안정한 직업 등이 아동학대를 유발시킬 수 있다는 입장이다.

(4) 생태학적 관점

생태학적 관점은 생태학적 관점은 아동학대 발생 원인에 대한 여러 관점을 통합하는 관점이다. 이 관점에서 보는 아동학대는 아동의 개인적 특성뿐만 아니라 부모의 특성, 아동이 속한 가족체계, 가족체계를 둘러싸고 있는 지역사회체계, 나아가 사회의 신념이나 문화, 제도, 가치관 등 여러 생태학적 체계 간의 상호작용으로 인해 발생한다.

한편 아동학대의 원인을 개인, 가정, 사회로 나누어 원인을 살펴보면 다음과 같다.

〈표 8-6〉 아동학대의 원인

구 분	내 용
개 인	• 정신장애 • 학대경험 • 약물중독 • 자녀에 대한 비현실적 기대 • 충동 • 부모 역할에 대한 지식 부족 등
가 정	• 빈곤, 실업 • 사회적 고립 및 사회적 지지 체계 부족 • 원만하지 못한 부부관계 • 가정폭력 • 부모-자녀간 애착부족 등
사 회	• 신체적 체벌에 허용적인 문화 • 아동을 존중하지 않는 문화 • 자녀를 부모의 소유물로 여기는 의식 • 피해아동에 대한 법적인 보호 미비 등

2) 아동학대의 현황

보건복지부의 '2022년 아동학대 주요통계'에 따르면 아동학대의 현황은 다음과 같다(보건복지부, 2023f). 아동학대 신고접수 및 학대판단은 46,103건(지난해 대비 14.5%↓), 아동학대로 판단된 사례는 27,971건(지난해 대비 25.6%↓)이다. 학대행위자와 피해아동과의 관계는 부모에 의한 발생 건수가 23,119건(82.7%)으로 가장 높았고, 대리양육자 3,047건(10.9%), 친인척 879건(3.1%) 순으로 나타났다. 학대행위자의 연령은 40대가 13,542건(48.4%)으로 가장 많았으며, 학대 장소는 가정 내에서 발생한 사례가 22,738건(81.3%)으로 가장 높게 나타났다.

보호대상아동이 발생하는 이유를 조사한 연구에 따르면, 보호대상아동의 발생사유 중에서 부모 학대(48.3%)가 가장 높은 비중을 차지하였고 미혼모 · 부/혼외자(10.6%), 부모이혼(10.4%), 비행 · 가출 · 부랑아(8.5%), 부모 사망(8.0%)이 뒤를 이었다(보건복지부 · 아동권리보장원, 2022).

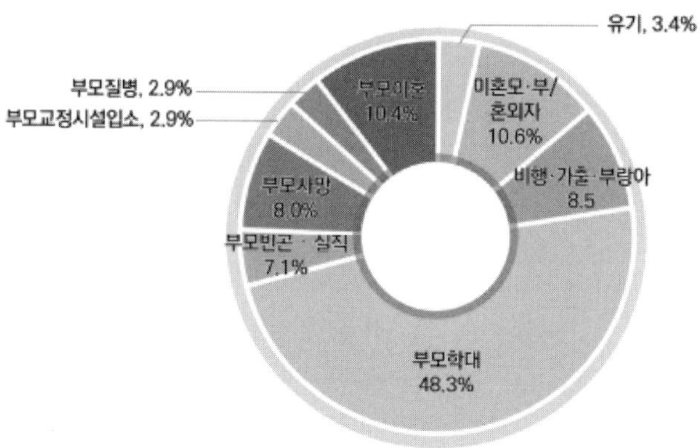

❙그림 8-1❙ 보호대상 아동 발생사유

아동학대 유형은 2022년 기준 정서학대가 10,632(38.0%), 중복학대 9,775건(34.9%), 신체학대 4,911건(17.6%), 방임 2,044건(7.3%), 성학대 609건(2.2%) 순으로 높게 나타났다. 아동학대사례 유형별 피해아동 성별을 보면 신체학대, 방임 사례에서는 남아가 높게 나타났으며, 성학대 사례에서는 여아가 86.4%로 압도적으로 높았다.

아동학대의 유형에 따른 연도별 변화추이는 다음과 같다.

〈표 8-7〉 학대유형별 연도별 추이 (단위 : 건)

	2013	2014	2015	2016	2017	2018	2019	2020	2021	2022
신체학대	753	1,453	1,884	2,715	3,285	3,436	4,179	3,807	5,780	4,911
정서학대	1,101	1,582	2,046	3,588	4,728	5,862	7,622	8,732	12,351	10,632
성학대	242	308	428	493	692	910	883	695	655	609
방임	1,778	1,870	2,010	2,924	2,787	2,604	2,885	2,737	2,793	2,044
유기	-	-	0	0	0	0	0	0	0	0
중복학대	2,922	4,814	5,347	8,980	10,875	11,792	14,476	14,934	16,026	9,775
계	6,796	10,027	11,715	18,700	22,367	24,604	30,045	30,905	37,605	27,971

출처 : e-나라지표(보건복지부 아동학대 주요통계).

학대 피해아동을 가정으로부터 분리 보호한 사례는 전체 아동학대 사례 중 10%인 2,787건이다. 재학대 사례도 늘어나고 있는데, 4,475건으로 전체 아동학대 사례 중 16.0%를 차지하여 '21년 대비 1.3%가 증가하였다. 학대로 인한 사망은 50명이고, 연령별 특징으로는 2세 이하(36개월 미만)가 28명(56%)이었다. 사망 원인별 특징으로는 자녀 살해 후 극단적 선택 14명, 화장실 등에서 출생 후 사망이 5명이다.

한편 아동학대 피해경험률은 다음과 같다.

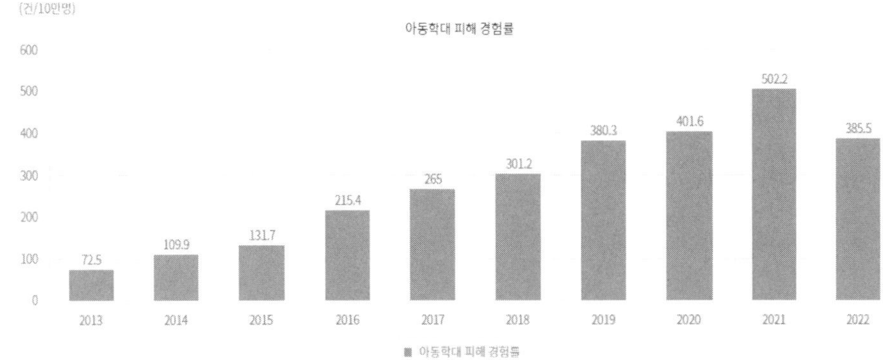

▌그림 8-2▐ 아동학대 피해경험률

출처 : e-나라지표(보건복지부, 학대피해아동보호현황).

아동에 대한 인권과 안전을 보장하는 것은 신체적, 사회적 약자의 위치에 처해있는 아동 자신의 생존권과 삶의 질은 물론 그 사회의 미래세대에 대한 책임성과 도덕성을 가늠할 수 있는 중요한 요소이다. 2001년 아동 십만 명당 17.7건에서 지속적으로 증가하고 있으며, 2007년 이후 안정된 추세를 보이다 2014년부터 다시 급격히 증가하는 추세를 보이고 있다. 특히 아동학대 피해경험률은 2021년에는 502.2건으로 2020년 401.6건에 비해 크게 증가하였다. 이러한 수치는 신고접수된 사례를 집계한 것으로 최근 아동학대에 대한 국민적 인식 향상과 사회적 민감성이 높아지면서 신고건수가 증가한 것으로도 해석될 수 있다. 또한 아동학대 개념이 신체적 · 정신적 · 성적 폭력이나 가혹행위만이 아닌 아동에게 부절적한 행위를 포함하는 좀 더 넓은 의미로 개념화되었고, 아동학대 발견 시 적극적으로 신고해야 한다는 사회적 인식이 전환된 결과로 보인다(어린이집안전공제회, 2020).

3. 아동학대의 개입절차

1) 개입절차

아동학대의 개입절차는 대략적으로 다음과 같이 진행된다.

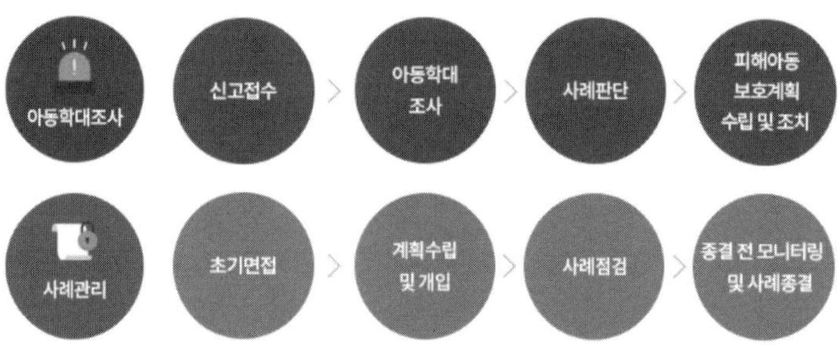

▎그림 8-3 ▎ 아동학대 업무흐름도

출처 : 아동권리보장원(https://www.ncrc.or.kr).

아동학대 관련 절차문의 등 상담이 필요한 경우 보건복지상담센터(129), 지자체, 아동보호전문기관으로 전화하여 아동학대 관련 내용을 상담할 수 있다. 지자체 또는 아동보호전문기관에서 아동학대 상담 중 학대 의심 사실이 확인되어 즉각 출동이 필요한 경우, 즉시 수사기관에 통보되며 아동학대전담공무원(아동보호전문기관) 및 경찰의 현장출동이 진행될 수 있다.

누구든지 아동학대범죄를 알게 된 경우나 의심이 있는 경우에는 시 · 도, 시 · 군 · 구 또는 수사기관에 신고할 수 있다. 그리고 어린이집 · 유치원 · 초중고교 종사자, 의사 등 신고의무자 직군은 직무 수행과정에서 아동학대범죄를 알게 되거나 그 의심이 있는 경우에는 즉시 시 · 도, 시 · 군 · 구 또는 수사기관에 신고하여야 하며, 정당한 사유 없이 신고의무를 불이행할 경우 1,000만 원 이하의 과태료가 부과된다.

구 분	내 용
언 제	• 아동의 울음소리, 비명, 신음소리가 계속되는 경우 • 아동의 상처에 대한 보호자의 설명이 모순되는 경우 • 계절에 맞지 않거나 깨끗하지 않은 옷을 계속 입고 다니는 경우 • 뚜렷한 이유 없이 지각이나 결석이 잦은 경우 • 나이에 맞지 않는 성적 행동을 보이는 경우
무엇을	• 신고자의 이름, 연락처 • 아동의 이름, 성별, 나이, 주소 • 학대행위자로 의심되는 사람의 이름, 성별, 나이, 주소 • 아동이 위험에 처해있거나 학대를 받고 있다고 믿는 이유 1. 피해(의심)아동의 현재 상황 : 피해(의심)아동의 안전 여부, 응급조치 필요 여부, 피해(의심)아동의 심신상태 등 2. 피해(의심)아동 인적사항 : 성명, 성별, (추정)연령, 주소, 전화번호 등 연락처 3. 아동학대행위(의심)자 관련사항 : 성명, 성별, (추정)연령, 주소, 전화번호 등 연락처, 피해(의심)아동과의 관계, 피해(의심)아동과의 동거여부, 아동학대행위(의심)자의 특성 및 성향 4. 신고자 관련사항 : 성명, 전화번호 등 연락처, 주소, 피해(의심)아동과의 관계, 신고의무자 여부, 신고목적(신고자의 욕구) 5. 아동학대 의심상황 : 아동학대 유형(구체적인 아동학대 행위), 아동학대의 정도 및 심각성, 아동학대 발생빈도, 아동학대의 지속성, 최근 발생한 아동학대 상황

	6. 기타사항 : 추가 아동 존재여부(집단 내 다른 아동 또는 아동의 형제·자매 존재 여부), 아동학대 행위(의심)자의 현재 상황(심신 상태 등), 다른 기관과의 연계 여부, 기타 내용 ※ 위의 정보를 모두 파악하지 못해도 신고는 가능하며, 가능한 많은 정보를 제공하도록 노력한다.
어떻게	• 전화 : 국번없이 112 • 모바일 앱 : 아이지킴콜 (App Store와 Google Play에서 다운로드) • 방문 : 관할 경찰서, 시·군·구 • 신고자의 신분은 아동학대범죄의 처벌 등에 관한 특례법(제10조, 제 62조)에 의해 보장

출처 : 아동권리보장원 홈페이지에서 재구성.

2) 피해아동 분리보호 사례

피해아동의 분리보호 사례는 다음과 같다(보건복지부, 아동권리보장원, 2022).

보호절차	피해아동 분리보호 사례예시
신고 · 접수	**112 접수** • 아동의 친부가 가정 내에서 아동을 폭행하고 있다는 내용으로 112로 신고 접수 • 경찰은 시 · 군 · 구 아동학대전담공무원에게 학대신고 내용을 통보하며, 필요시 현장출동 동행 요청
아동학대 조사	**경찰/아동학대전담공무원** • 경찰과 아동학대전담공무원은 아동 가정을 방문하여 조사 실시 • 아동 가정은 친부모와 아동으로 구성된 3인 가정으로, 경찰과 아동학대전담공무원은 학대피해(의심)아동(중2/여)과 학대행위(의심)자인 친부를 분리하여 조사
사례판단 및 피해아동보호 계획수립 (피해아동, 아동학대 행위자 조치)	**경찰/아동학대전담공무원** • 조사 결과 학대로 의심되는 멍 등 상흔이 발견되었고, 아동의 분리보호 의사가 확인되고, 재학대 발생 가능성이 있음에 따라 응급조치를 통해 아동을 분리보호 조치하기로 판단하여 학대피해아동쉼터로 인도 • 경찰은 친부의 성행 교정 및 양육 태도 개선 등 위해 임시조치(아동보호전문기관 등에의 상담 및 교육 위탁)를 검찰에 신청하였고 수사 개시 • 아동학대전담공무원은 친모, 학교 담임교사 등과 추가조사를 진행하였으며, 아동의 추가적인 보호가 필요하다고 판단하여 응급조치 효력 종료 전(72시간 이내) 아동복지법 제15조제6항에 따른 일시보호 실시 **지자체 아동보호팀** • 아동학대전담공무원은 자체사례회의에서 조사 결과를 바탕으로 아동학대 판단여부, 피해아동 및 학대행위자에 대한 추후 개입 방향 등 논의(아동학대전담공무원, 아동보호전담요원, 아동보호전문기관 등) • 아동은 현재 가정 복귀를 원하지 않는 상황이며, 학대행위자인 친부의 학대 발생 요인이 소거되지 않은 상황임에 따라 아동의 안정적인 보호를 위해 시설에 중장기 보호)가 필요할 것으로 판단 • 아동학대전담공무원은 피해아동보호계획을 수립하여 아동보호전문기관에 공유 및 아동보호전담요원에게 공유하여 사례결정위원회 안건 상정 요청 • 아동학대전담공무원 및 아동보호전담요원은 사례결정위원회에 참석하여 안건 설명 • 아동보호전담요원은 사례결정위원회 결과를 바탕으로 보호자에게 보호사실 서면 통보하고, 아동학대전담공무원은 사례결정위원회 결과를 아동보호전문기관에 공유
사례관리계획 수립 및 서비스 제공	**아동보호전문기관** • 피해아동보호계획 통보 전이긴 하나 법원의 임시조치 결정에 따라 아동보호전문기관은 학대행위자에 대한 상담 · 교육 프로그램을 진행함 • 아동보호전문기관은 공유받은 피해아동보호계획을 바탕으로 초기면접 및 사정을 통해 사례관리계획을 수립하여 아동학대전담공무원에게 공유 • 아동보호전문기관은 아동이 가정으로 복귀할 수 있는 환경을 만들기 위한 다양한 서비스 및 프로그램 등을 제공하고 아동학대전담공무원과 상시적인 사례관리 진행상황을 공유하여 필요한 지자체 자원 연계(아동의 원활한 시설적응 및 아동 부와의 관계개선을 위한 상담지원, 친부 임시조치 결정에 따른 수탁프로그램 제공, 정신건강증진센터 통해 알코올 치료 프로그램 연계, 가정 내 보호자 역할을 수행할 수 있는 친모에 대한 양육기술프로그램, 심리상담 등 부모교육 프로그램 등 제공) • 친부는 아동보호사건으로 법원에 송치되어 보호처분(6개월 간 아동보호전문기관의 상담위탁) 결정됨. 아동보호전문기관에서는 보호처분에 따른 상담위탁 프로그램을 제공
사례관리 종결 및 사례종결	**아동보호전담요원/아동보호전문기관** • 15개월 후 아동, 아동 부는 주기적인 면회를 실시하는 것으로 결정 • 아동보호전문기관에서는 아동학대전담공무원과 논의 통해 사례관리를 종결하고, 최종적으로 사례를 종결함. 아동학대전담공무원은 아동보호전담요원에게 사례관리 종결 및 사례종결됨을 안내하고, 아동의 양육상황점검을 계속 실시
양육상황 점검	**아동보호전담요원** • 아동보호전담요원은 방문 및 유선상담 등을 통해 아동과 아동 부의 주기적 면회 여부 및 관계개선, 보호계획에 따른 서비스 제공여부 등 모니터링을 실시함 • 36개월 후, 아동과 아동 부의 관계가 원만해져 가정복귀하기로 함

출처 : 보건복지부 · 아동권리보장원(2022). 2022 아동보호서비스 업무매뉴얼.

4. 아동학대 보호서비스의 내용

지속적으로 발생하고 있는 아동학대를 예방하기 위해서 아동학대 발생의 근본적인 원인을 찾아보고 문제를 해결하기 위한 실천이 있어야 한다. 피해아동이 학대 후유증을 극복, 학대행위자의 재학대를 방지, 피해아동 가족의 가족기능을 강화하기 위해 피해아동, 학대행위자, 그리고 피해아동의 가족을 대상으로 다음과 같이 다양한 서비스를 제공하고 있다(보건복지부, 2023f).

- 의료서비스 : 상담서비스, 입원치료 · 통원치료 포함
- 심리치료 서비스 : 심리검사 · 미술치료 · 놀이치료 등 포함
- 가족기능강화서비스 : 가정지원서비스 · 사회복지서비스기관 연결, 공적지원 연결 포함
- 학습 및 보호 지원서비스 : 일시보호시설 및 쉼터 입 · 퇴소 절차 지원, 분리보호 및 절차 지원, 출결 및 비밀전학 처리 지원 등
- 법률자문과 아동에 대한 응급조치 및 피해아동보호명령 절차 진행과 행위자에 대한 임시조치 또는 고소 · 고발 등 사건 처리에 대한 서비스

이외에도 임시조치 또는 조건부기소유예, 보호처분 결정, 형벌과 수강명령 등의 병과를 통해 검찰 · 법원으로부터 상담 · 교육 위탁 처분을 받은 학대행위자를 대상으로 하는 행위자수탁프로그램과 피해아동보호명령을 통한 상담 및 교육인 피해아동수탁프로그램을 포함하여 제공한다. 그리고 모든 아동보호 전문기관 및 학대피해아동쉼터에 심리전문치료사가 배치되었다. 재학대 발생방지를 위한 사후관리(심리치료, 가족기능 강화사업)로 인하여 재학대 발생률 역시 감소될 것으로 전망된다.

5. 아동학대 보호서비스의 개선방안

최근 크고 작은 아동학대 사건들로 국민적 관심이 커짐에 따라 아동학대 대응체계와 인식이 변화하고 있다. 아동학대 관련 예산 역시 2017년 267억 원에서 2023년 691억 원으로 증가하여 아동학대 예방의 실효성을 강화하고 있다.

1) 아동학대 예방교육

우리 사회는 아이들이 사랑 속에서 건강하게 성장하는 사회를 만들 의무와 책임이 있다. 아동학대가 부모에 의해서 가장 높은 비율로 가정에서 많이 일어나고 있다. 이는 주요 아동학대 통계에서도 여실히 확인되고 있다. 아동학대 예방정책에 있어서 부모와 가족에 대한 예방과 개입의 중요성을 보여주는 결과이다. 아동학대가 발생하지 않도록 부모와 가족 대상의 예방교육과 필요한 서비스가 제공되어야 한다. 이와 더불어 아동학대가 아동과 가족의 문제가 아닌 사회문제라는 인식을 증진할 수 있는 노력이 필요하다. 또한 학대가 발생한 후에는 피해아동에 대한 보호와 가해자에 대한 처벌과 치료, 재학대 방지를 위한 엄정한 대책 등도 필요하다.

2) 아동학대 방지를 위한 대책 마련

아동학대 방지를 위해 아동학대 대응체계를 정비하고, 여러 차례 정부차원 대책을 마련하고, 사회적 공감대가 형성돼야 아동학대를 근본적으로 예방할 수 있다. 저출산의 영향으로 18세 미만 아동 수는 지속적으로 감소하고 있음에도 불구하고 아동학대 건수는 오히려 급격한 증가를 보이고 있다. 이에 대한 정책적인 대응이 필요함을 보여준다. 아동의 관점에서 아동학대를 바라보고, 실효적인 학대 예방 인프라 구축을 논의해야 한다. 학대아동을 위한 다양한 지원서비스가 이뤄지고 있지만, 아동의 특성에 맞는 보다 다양한 서비스가 개발되고 제공되어야 한다.

그리고 학대아동에 대한 보호 및 치료가 적절하게 이루어지기 위한 보호시설(일시보호시설, 쉼터, 그룹홈 등) 등의 전문치료시설이 부족하다.

이 중 구체적인 실천방안으로 학대피해아동쉼터를 대폭적으로 늘리는 것도 아동학대 사후서비스의 하나의 방법일 수 있다. 학대피해아동쉼터는 학대피해아동에 대한 보호, 치료, 양육, 서비스를 제공하는 곳이다. 그렇지만 학대피해아동이 거주지가 아닌 다른 광역 시·도에 소재한 학대피해아동쉼터를 이용하는 경우가 많다. 설치비 지원 예산이 충분하지 않아 정부의 쉼터 확대 속도가 매우 더뎌 그 결과로 현장의 수요를 맞추지 못하고 있다. 쉼터 확충을 위한 정부의 예산지원 강화와 더불어 지역별 수요를 고려한 현실적인 쉼터 설치계획 수립이 시급하다.

3) 아동보호 전문인력의 확충

아동학대 의심사례 건수는 매년 증가하고 있는데 지원서비스 제공을 위한 아동학대 관련 전문인력이 부족하다. 아동보호전문인력의 부족으로 아동학대 사건에 대한 적극적이고 신속한 대응이 어렵고 서비스의 질 저하로 이어지고 있다. 아동학대 관련 서비스 제공기관인 아동보호전문기관이 관할하는 지역이 매우 광범위한 반면, 상담원의 수의 부족과 상담원의 업무량 과다는 문제이다. 아동보호전문기관의 인력부족뿐만 아니라, 신속한 조사를 위한 학대예방경찰관과 아동학대 보호를 위한 전담공무원 부족 역시 심각한 상황이다. 인력이 적으면 효율성이 떨어지기 때문에 현실적인 수준으로 충원할 필요가 있다. 그리고 아동학대 양상의 다양성을 고려한다면 보다 전문적으로 아동학대 사례를 지원할 수 있는 전문가를 양성하는 것도 필요하다.

생각 더하기 학대를 예방하기 위한 긍정양육 129 원칙

긍정양육은 아동을 독립된 인격체로 존중하며 부모 자녀 간 상호소통과 이해, 신뢰를 바탕으로 한 양육방법이다.

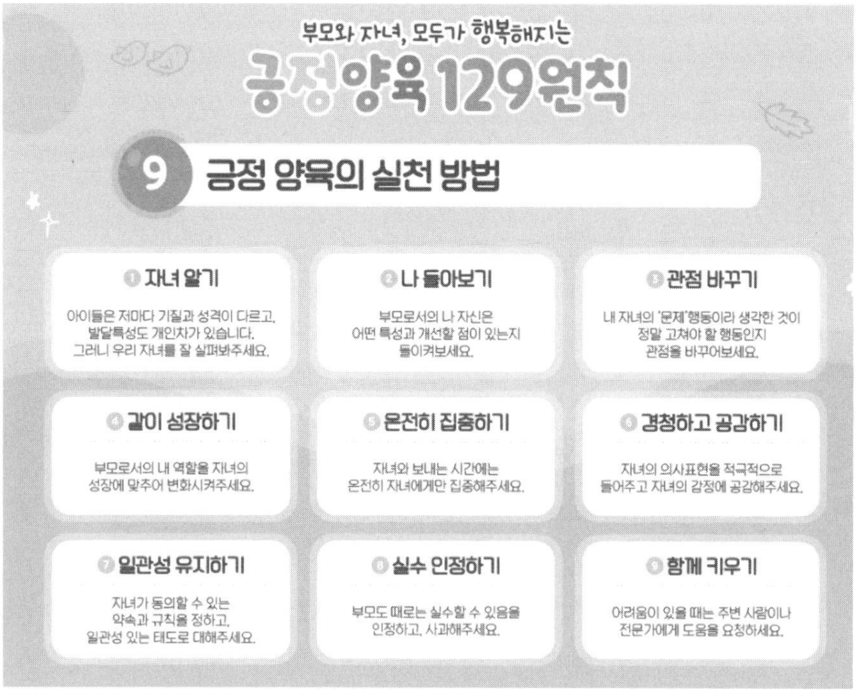

09
CHAPTER

가정위탁보호와 입양

1. 가정위탁보호
2. 입 양

09 CHAPTER

가정위탁보호와 입양

아동이 자신의 친부모와 함께 살아가는 것이 아동의 성장과 발달에 가장 바람직하다. 그러나 아동이 부모의 사망, 이혼, 유기, 학대 등 친부모와 생활하기 어려울 때 일정 기간 대리양육하는 가정위탁보호를 통해 안전하게 보호·양육받을 수 있다. 그리고 입양부모에게는 육아의 보람을 느끼게 해 주는 입양제도도 있다. 아동이익의 최우선 이익의 원칙에서 비추어 볼 때, 가정보호형태인 가정위탁보호와 입양은 보호대상아동을 보호, 양육하는 것이 가장 바람직한 형태이다. 이 장에서는 가정위탁보호와 입양으로 구분하여 개념, 현황, 보호서비스, 개선방안 등에 대해 살펴보고자 한다.

1. 가정위탁보호

1) 가정위탁보호의 개념

'가정위탁'이란 보호대상아동의 보호를 위하여 성범죄, 가정폭력, 아동학대, 정신질환 등의 전력이 없으며 「아동복지법」이 정하는 기준에 적합한 가정에 보호대상아동을 일정 기간 위탁하는 것을 의미한다(아동복지법 제3조). 가정위탁은 부모의 질병·가출·이혼·수감·실직·사망·학대 등의 사유로 친가정에서 아동을 키울 수 없을 경우, 위탁가정에서 일정 기간 아동을 양육했다가 다시 친가정으로 복귀할 수 있도록 지원하는 제도이다. 가정위탁보호의 목적은 보호대상아동(요보호아동)을 보호·양육하기를 희망하는 가정에 위탁 양육함으로써 가정적인 분위기에서 건전한 사회인으로 자랄 수 있도록 지원하고, 보호대상아동 발생 시 가정보호를 우선하도록 하며, 특히 2세 이하(36개월 미만) 영아의 경우 가정보호가 우선되어야 함이다(보건복지부, 2023e).

한편 가정위탁 보호대상아동은 「아동복지법」 제3조에 따라 18세 미만의 아동으로서 보호자가 없거나 보호자로부터 이탈된 아동, 아동을 학대하는 경우 등 그 보호자가 아동을 양육하기에 적당하지 아니하거나 능력이 없는 아동이 해당된다. 만 18세에 달한 보호대상아동이 보호조치를 연장할 의사가 있는 경우 25세에 달할 때까지 연장가능하다. 그리고 보호대상아동 발생시 2세 이하(36개월 미만) 아동은 가정위탁으로 우선 배치한다. 위탁가정은 일정 기간 동안 친부모의 역할을 대신해 위탁아동을 보호, 양육하는 가정을 의미한다.

가정위탁보호는 아동복지법, 국민기초생활보장법, 의료급여법에 명시된 조항을 적용받는다.

2) 가정위탁보호의 유형 및 선정기준

(1) 가정위탁보호의 유형

가정위탁보호의 유형을 살펴보면 다음과 같다.

〈표 9-1〉 가정위탁보호의 유형

구 분	내 용	비 고
일반 가정위탁보호	전문가정위탁보호에 해당하지 않는 보호대상아동을 보호·양육하는 것을 목적으로 하는 가정위탁보호	2021.6.30. 이전에 시·도지사 또는 시장·군수·구청장에 의하여 대리양육, 친인척 위탁으로 결정된 자는 일반가정위탁으로 간주
전문 가정위탁보호	피해아동, 2세 이하 아동 등으로서 특별한 보호가 필요한 보호대상아동을 전문적으로 보호·양육하는 것을 목적으로 하는 가정위탁보호	학대피해아동, 2세 이하(36개월 미만) 아동, 장애아동, 경계선지능아동(종합심리검사 결과 경계선지능으로 진단받은 아동) 등

일시 가정위탁보호	보호대상아동을 일시 위탁하여 보호·양육하는 것을 목적으로 하는 가정위탁보호	위기아동 가정보호사업 : 즉각분리 제도에 따라 원가정에서 분리된 6세 미만 학대피해아동(미취학) 일시가정 위탁보호

출처 : 보건복지부(2023e). 2023 아동분야사업안내.

이외에도 가정위탁보호는 친·외조부모가 양육하는 '대리양육 가정위탁'과 친외조부모를 제외한 친인척이 양육하는 '친인척 가정위탁'이 있다.

(2) 가정위탁보호의 선정기준

① 일반가정위탁의 선정기준

일반위탁가정은 다음 요건의 기준을 모두 충족하고, 위탁부모 중 1인 이상이 아동배치 전에 일반가정위탁 부모교육을 이수하여야 한다. 일반위탁가정의 선정기준을 공통기준이다.

구분	공통기준
선정기준	• 위탁아동을 양육하기에 적합한 수준의 소득이 있을 것(재산 및 소득 증빙서류 제출) • 위탁아동에 대하여 종교의 자유를 인정하고 건전한 사회 구성원으로 자랄 수 있도록 양육과 교육을 할 수 있을 것 • 위탁부모의 연령이 각각 25세 이상으로 위탁아동과의 나이 차이가 60세 미만일 것(단, 시·도지사, 시장·군수·구청장이 위탁아동을 건전하게 양육하기에 위탁가정의 환경이 적합하다고 인정하는 경우에는 가능) • 자녀가 없거나 18세 미만의 자녀가 위탁아동을 포함하여 4명 이내일 것 • 위탁부모 및 위탁가정에 거주하는 사람 중 성범죄, 가정폭력, 아동학대, 마약, 알코올, 약물중독, 정신질환 등의 전력이 있는 사람이 없을 것
부모교육 이수	• 가정위탁을 희망하는 예비위탁부모 중 1명 이상은 위탁부모 양성교육 이수(아동배치 이전, 5시간) • 양성교육을 이수한 위탁부모 중 1명 이상 위탁부모 보수교육(연 1회, 5시간)

② 전문가정위탁 선정기준

일반가정위탁(공통 기준) 각 기준을 충족하고, 다음 자격조건 중 어느 하나의 기준을 충족해야 한다.

구분	자격조건
선정기준	• 가정위탁보호자 경험이 3년 이상일 것 • 다음의 어느 하나에 해당하는 자격을 갖출 것 -「사회복지사업법 시행령」 제2조 제1항에 따른 사회복지사 -「영유아보육법」 제21조 제2항에 따른 보육교사 -「유아교육법」 제22조 제2항에 따른 교사 -「초·중등교육법」 제21조 제2항에 따른 교사 -「의료법」 제2조 제1항에 따른 의료인 -「청소년 기본법」 제22조 제1항에 따른 청소년상담사 -「고등교육법」 제2조에 따른 학교 또는 「평생교육법」 제32조 제1항·제33조제3항에 따라 교육부장관의 인가를 받아 전문대학·대학졸업자와 동등한 학력·학위가 인정되는 평생교육시설에서 심리 관련 학과를 졸업한 사람으로서 해당 분야의 경력이 3년 이상인 사람 • 그 밖에 보건복지부장관이 필요하다고 인정하는 기준을 충족하여야 함
부모교육 이수	위탁부모 중 1인 이상이 전문가정위탁 부모교육 이수(아동배치 이전, 20시간)

③ 일시가정위탁 선정기준

일반가정위탁(공통 기준) 각 기준을 충족하고, 시장·군수·구청장의 일시위탁부모 선정 결과 통보일이 일시가정위탁 의뢰일로부터 1년 이내이어야 한다. 부모교육이수 조건은 일반가정위탁과 동일하다.

3) 가정위탁보호의 현황 및 내용

(1) 가정위탁보호의 현황

전체 가정위탁보호아동은 2010년부터 감소 추이를 보이고 있으며 2021년 위탁아동은 9,541명으로 2020년 9,894명에 비해 353명(3.7%) 감소했다. 인구 감소에 따라 가정위탁보호아동도 줄어들고 있다.

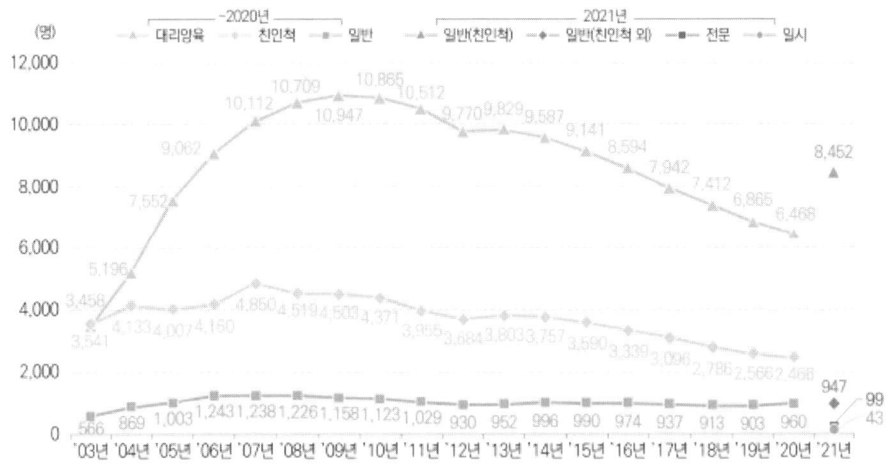

❙그림 9-1❙ 연도별 위탁아동수

출처 : 보건복지부 · 아동권리보장원(2022). 2021 가정위탁보호 현황보고서.

대리양육위탁(조부모, 외조부모), 친인척위탁, 일반위탁 아동의 수는 2010년 이후 전반적으로 감소 추세를 보이고 있으며 2013년을 제외하면 매년 감소하고 있다(보건복지부, 아동권리보장원, 2022). 2021년 기준으로 대리양육(62.3%), 친인척(25.9%), 일반위탁가정(11.8%)으로 위탁아동은 88.2%의 높을 비율로 대리양육, 친인척에 의존하고 있다.

〈표 9-2〉 유형별 가정위탁보호 현황

연도	구분	계	대리양육가정	친인척위탁가정	일반위탁가정
2018	세대수	8,955(100%)	5,831(65.1%)	2,357(26.3%)	767(8.6%)
	아동수	11,141	7,426	2,801	914
2019	세대수	8,359(100%)	5,442(65.1%)	2,167(25.9%)	750(9.0%)
	아동수	10,384	6,905	2,572	907
2020	세대수	8,001(100%)	5,155(64.4%)	2,069(25.9%)	777(9.7%)
	아동수	9,923	6,542	2,447	934
2021	세대수	7,733(100%)	4,817(62.3%)	1,999(25.9%)	917(11.8%)
	아동수	9,535	6,107	2,344	1,084

출처 : 국가통계포털(https://kosis.kr).

위탁유형별 보호사유를 살펴보면 일반(친인척)위탁의 경우 이혼(29.5%), 일반(친인척 외)위탁은 별거 · 가출(19.1%), 전문 및 일시위탁은 학대 · 방임이 각각 53.5%, 69.8%로 가장 높은 비중을 차지했다.

〈표 9-3〉 가정위탁보호의 사유

구분		계	부모 모두 사망	부나 모의 사망	별거/가출	이혼	부모 수감	실직/빈곤	부모 질병	학대/방임	미혼모(부)/혼외출생	시설 의뢰	부모 장애	기타
계		9,541	514	2,306	2,095	2,651	464	108	185	501	350	122	85	160
		100.0	5.4	24.2	22.0	27.8	4.9	1.1	1.9	5.3	3.7	1.3	0.9	1.7
일반(친인척)		8,452	502	2,222	1,907	2492	432	65	148	300	207	4	63	110
		100.0	5.9	26.3	22.6	29.5	5.1	0.8	1.8	3.5	2.4	0.0	0.7	1.3
일반(친인척 외)		947	12	82	181	148	29	43	34	118	128	112	20	40
		100.0	1.3	8.7	19.1	15.6	3.1	4.5	3.6	12.5	13.5	11.8	2.1	4.2
전문		99	0	1	6	10	3	0	0	53	14	4	1	7
		100.0	0.0	1.0	6.1	10.1	3.0	0.0	0.0	53.5	14.1	4.0	1.0	7.1
일시		43	0	1	1	1	0	0	3	30	1	2	1	3
		100.0	0.0	2.3	2.3	2.3	0.0	0.0	7.0	69.8	2.3	4.7	2.3	7.0

보호대상아동이 발생했을 때의 보호조치 현황을 보면, 가정위탁이 29.9%로 가장 높은 비중을 차지했고 양육시설 등 29.0%, 공동생활가정 15.9%, 장애아동시설 9.2% 순으로 높게 나타났다(아동권리보장원, 2022).

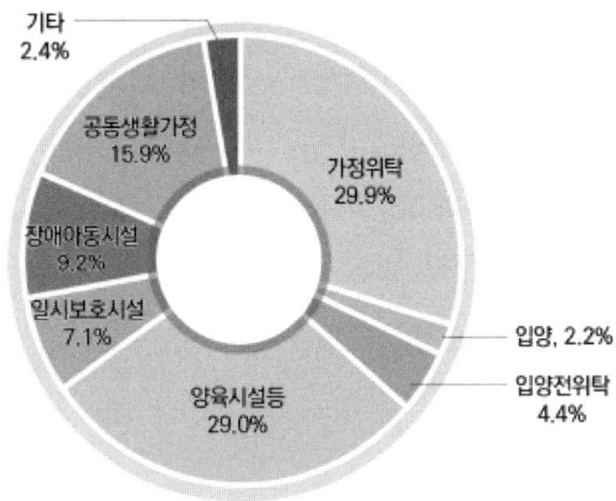

┃그림 9-2┃ 보호조치 현황

출처 : 보건복지부 · 아동권리보장원(2022). 2021 가정위탁보호 현황보고서.

(2) 가정위탁보호서비스의 내용

가정위탁의 업무는 지방자치단체와 아동권리보장원과 전국 시 · 도에 설치된 가정위탁지원센터를 통해 각종 서비스 제공 및 사례관리가 이루어진다.

① 경제적 지원

18세 이상의 가정위탁보호 종결아동의 경우 자립정착금, 자립수당, 대학진학금을 지원받고, 일반적인 가정위탁보호아동에 대한 지원내용은 다음과 같다.

〈표 9-4〉 가정위탁보호 지원내용

구분	지원내용
국민기초생활보장법에 의한 생계비 지원	가정위탁아동을 국민기초생활수급자로 책정, 생계 · 의료 · 교육급여 지원
양육보조금	1인당 양육보조금 월 30~50만원 이상 차등지원 권고(지방이양)
전문아동보호비	위기아동 가정보호(만 6세 미만 학대피해아동 일시보호) 및 전문가정위탁(학대피해아동, 만 2세 이하 아동, 장애아동, 경계선지능아동 등 특별한 보호를 필요로하는 아동을 보호 · 양육)에 참여하는 가정

일시위탁보호비	위기아동 가정보호(만 6세 미만 학대피해아동 일시보호) 및 전문가정위탁(학대피해아동, 만 2세 이하 아동, 장애아동, 경계선지능아동 등 특별한 보호를 필요로하는 아동을 보호·양육)에 참여하는 가정
아동용품구입비	가정위탁 신규 책정 시, 초기 아동적응 및 양육물품 구입 등 소요 물품(지방이양)
상해보험 가입비	상해보험 가입(후유장해, 입원·통원 의료비 등 지원)
심리검사치료비	심리정서치료비, 검사비, 교통비
위탁 가정 전세주택 지원	양육자가 무주택세대구성원으로서 해당 가구의 월평균소득이 전년도 도시근로자 가구당 월평균소득 이하인 소년소녀가정·위탁가정, 가정위탁 보호조치가 종료된 지 5년 이내(군복무기간 제외)인 무주택자 아동(국토교통부)

출처 : 보건복지부(2023e). 2023 아동분야사업안내 재구성

이외에도 보호종료아동에 대한 자립정착금 및 대학진학자금 등을 지원하고(지방이양), 아동이 보호자, 후원자의 후원으로 월 5만원 이내의 금액을 저축하면 국가(지자체)에서 만 18세 미만까지 저축액의 2배에 해당하는 액수(1:2 매칭펀드)를 지원하여 만18세 이후 가정위탁아동이 사회진출 시 학자금, 전세금, 창업자금 등으로 사용토록 하는 '아동발달지원계좌(디딤씨앗통장)'를 지원한다.

② 미성년자후견인 선임 지원

가정위탁아동의 경우 친권자의 부재로 인한 법정 대리권 공백으로 행정서류 발급, 통장 개설, 휴대전화 개통 등 행정·의료·통신 서비스 이용에 제약이 발생하고 있다. 이에 아동의 권리 보장을 위해 2016년부터 지속적으로 '미성년후견인 선임지원'을 실시하고 있으며, 미성년후견인 제도는 친권자의 사망 혹은 소재불명 등으로 미성년자의 법률행위의 공백 발생 시 법률절차를 거쳐 후견인이 아동을 대신하여 법률행위를 할 수 있도록 하는 제도이다(아동권리보장원, 2022). 위탁아동을 위한 미성년후견인 선임이 더 활성화되어야 한다.

4) 가정위탁보호서비스의 절차

아동위탁보호 신청
위탁보호 의뢰자 등은 관할 아동 거주지 시·군·구 또는 읍·면·동에 위탁보호 신청

➡

아동 및 위탁 가정환경 조사
읍·면·동에서는 아동과 위탁보호 희망자를 조사·상담하여 아동보호신청서, 아동보호신청자 가정조사서 등을 작성, 시·군·구에 제출

➡

위탁 결정·통보
시·군·구에서는 가정 현황 조사 결과를 토대로 위탁보호 결정 통보

➡

사례관리
아동카드에 기재·관리 및 위탁아동, 위탁가정·원가정 상담

위탁보호자, 가정위탁지원센터, 시·군·구(시·도)

➡

가정위탁보호 종결
- 시·군·구에 아동 보호조치의 종료(퇴소) 신청서 제출
- 원가정 복귀시는 아동가정 복귀신청서 제출
- 보호종결 또는 보호기간 연장(시·군·구)
- 가정위탁지원센터 통보

❙그림 9-3❙ 가정위탁보호서비스 절차

출처 : 보건복지부(2023e). 2023 아동분야사업안내.

5) 가정위탁보호서비스의 개선방안

가정위탁 및 국내입양 활성화를 통해 시설보호 위주에서 가정중심의 아동보호정책으로 정책변화를 추진해 나가야 한다. 이를 위해 다음과 같은 개선방안을 제안한다.

(1) 위탁가정의 지원 현실화

아동의 양육에 대한 현실적인 재정지원이 뒷받침되지 않는다면 위탁부모의 양성과 가정위탁보호의 활성화를 기대하기 어렵다. 위탁가정을 위한 양육보조금, 전문아동보호비 등 다양한 지원제도가 있지만, 위탁가정은 위탁아동으로 인해 경제적 부담을 갖는다. 가정위탁활성화를 위해서는 재정

적 지원이 해결되어야 한다. 이를 위해 양육보조금, 대학진학금 등 지방자치단체별로 지원편차가 있는 비용 부분을 전국적으로 통일해서 지급할 필요가 있다.

다양한 형태의 위탁가정 운영과 전문성을 가진 위탁부모를 양성하고 확보하기 위해서는 적절한 인센티브를 제공해야 가정위탁이 활성화될 것이다. 또한 위탁아동보호의 질에 직접적인 영향을 미치는 위탁부모의 중요성을 생각해 볼 때 가정위탁보호에 대한 사회적 인식 제고를 위한 사회적 홍보 역시 필요하다고 본다.

(2) 친가정 지원프로그램의 강화

가정위탁보호는 가정해체 방지와 친가정의 양육능력을 회복하도록 지원하여 보호대상아동의 친가정으로의 복귀를 목적으로 한다. '모든 아동은 가정에서 자라는 것이 바람직하다'는 가정위탁보호의 원칙하에 아동의 친가정에 대한 지원이 이루어져야 한다. 아동의 친부모 대상의 지원하는 서비스를 강화할 때, 아동의 위탁가정에서의 적응도 향상시키고 친가정 복귀 가능성의 향상도 기대할 수 있다.

2. 입 양

1) 입양의 개념 및 목적

입양은 보호대상아동이 안정적인 가정환경에서 건전하게 성장할 수 있도록 지원함으로써 아동의 복지를 증진하는 것이다. 모든 어린이는 태어나면서 부모의 보호를 받으며 건강하게 성장할 수 있는 권리를 가지고 있지만, 부모가 없거나 부모가 있더라도 더 이상 보호할 수 없는 아동이 많은 것이 현실이다. 입양제도는 이러한 아동들에게 새로운 가정을 찾아주고,

가정이라는 틀에서 성장할 수 있도록 도와주어, 아동의 정신적 · 사회적 욕구를 충족시켜 주기 위한 제도이다(보건복지부 · 아동권리보장원, 2023a).

입양이란 혈연적으로 친자관계가 없는 사람에 대하여 법률적으로 친자관계를 맺는 신분행위를 말한다. 이러한 입양은 양부모가 되려는 사람과 양자가 될 사람 사이에 합의가 있거나(「민법」 제883조 제1호), 가정법원의 허가(「민법」 제867조 제1항, 「입양특례법」 제11조 제1항)를 얻은 때에 입양신고를 함으로써 그 효력이 발생한다. 입양신고로 양부모와 양자 사이에는 법적 친자관계가 생기고, 부양이나 상속 등에서 자연혈족의 경우와 동일한 권리가 인정된다(「민법」 제772조 제1항).

이렇게 볼 때 입양서비스의 목적은 보호자가 없거나 보호자로부터 이탈된 아동 등에게 건전한 가정을 영구적으로 제공하여 신체적 · 정서적 · 사회적으로 건강하게 성장할 수 있도록 지원하는 것을 의미한다(보건복지부 · 아동권리보장원, 2023a).

2) 입양의 역사 및 현황

(1) 입양의 역사

우리나라의 입양의 역사는 오래되었지만 1950년 한국전쟁의 발생과 더불어 수많은 고아가 생겨났고 현대적 의미의 입양이 활성화되었다. 1961년 국외입양의 간소화를 목적으로 하는 「고아입양특례법」이 제정되면서 해외입양이 급속히 증가하고 무분별한 입양의 문제점도 발생되었다. 1976년 국내입양에 대한 관심으로 「입양특례법」이 제정되었으나, 1988년 서울올림픽게임 전후로 '고아수출국'이라는 오명을 얻게 되어 국내입양 활성화를 목적으로 1995년 「입양촉진 및 절차에 관한 특례법」이 제정되었다. 2020년 「입양특례법」이 일부 개정되면서 국내입양우선추진제의 도입, 양친될 자의 자격 강화, 입양허가제 및 친양자 제도 도입, 입양동의 관련 규정 정비, 입양정보 공개제도의 도입 등의 내용을 강화하였다.

(2) 입양 현황

2006년 이전까지는 국외입양(평균 58.5%)이 국내입양(평균 41.5%)보다 높은 비중을 차지하였으나, 2007년 이후부터 국내입양의 증가추세가 계속 되었고, 2020년 기준으로 국내입양의 비중은 52.9%(260명), 국외입양은 47.1%(232명)를 차지하고 있다(경기도여성가족재단, 2021). 입양아동의 수는 2007년 이후 매해 감소되고 있다. 2013년 입양아동의 수가 2012년에 비해 23% 감소한 경향을 보이는데 이는 2012년 8월 입양특례법의 시행으로 친생부모의 출생신고 및 입양 숙려제, 입양정보공개, 양부모의 법원허가 등의 입양 절차 및 조건이 강화되어 요보호 아동 및 입양신청자 수가 감소했기 때문이다(김준, 2017).

다음 〈표 9-5〉에서 보는 것처럼, 우리나라에서는 2022년까지 총 249,959명이 입양되었다. 2022년 기준 국내입양의 경우 남아보다 여아의 비중이 64.2%(21년 65.5%)로 높고, 입양당시 연령별은 3개월~1세 미만 아동이 53.3%(21년 53.6%)로 가장 많이 나타났다.

〈표 9-5〉 국내외 입양아동 현황

구분	2011	2012	2013	2014	2015	2016	2017	2018	2019	2020	2021	2022
국내	1,548 (62.8%)	1,125 (59.8%)	686 (74.4%)	637 (54.4%)	683 64.6	546 (62.0%)	465 (53.9%)	378 (55.5%)	387 (55.0%)	260 (52.9%)	226 (54.5%)	182 (56.2%)
국외	916 (37.2%)	755 (40.2%)	236 (25.6%)	535 (45.6%)	374 35.4%)	334 (38.0%)	398 (46.1%)	303 (44.5	317 (45.0%)	232 (47.1%)	189 (45.5%)	142 (43.8%)
계	2,464	1,880	922	1,172	1,057	880	863	681	704	492	415	324

출처 : e-나라지표(보건복지부 내부자료).

국외입양은 남아 비중이 64.8%(21년 70.4%)로 높고, 연령별로는 1~3세 미만이 전체의 97.9%를 차지한다. 3개월에서 1세미만의 입양아동의 비중은 2017년 이후 계속 높아지다가 2020년 낮아진데 반해 1~3세 미만, 3세 이상의 국내입양 아동의 비중은 2019년에 비해 높아졌다. 이렇게 나이가 어린 아동, 남아 기피, 비장애아동 선호, 국외입양의 높은 비율은 우리나라의 입양문화가 입양아동의 권익보호와 복지증진보다는 입양부모 중심, 전통적인 혈연주의에 기인한 것을 보여준다. 이러한 결과는 국민인식 개선을 위한 지속적인 입양홍보 등을 통해 국내입양의 활성화의 추진 필요성을 보여주는 결과이다.

3) 입양의 구성요소

(1) 입양아동

입양아동은 만 18세 미만으로 「입양특례법」에 따라 입양된 아동을 말한다. 아동이 입양되기 위해서는 친부모의 동의를 받아야 하며, 친부모가 친권상실 선고를 받은 경우 후견인의 동의가 있어야 한다. 그리고 13세 이상인 아동을 입양하고자 할 때에는 친부모 또는 후견인의 동의 외에 본인의 동의가 있어야 한다. 양자가 될 자격요건은 「아동복지법」 제3조 제4호에 따른 보호대상아동으로, 「입양특례법」 제9조의 조건에 해당되어야 한다.

- 보호자로부터 이탈된 자로서 특별시장 · 광역시장 · 도지사 및 특별자치도지사 · 특별자치시장(이하 시 · 도지사) 또는 시장 · 군수 · 구청장이 부양의무자를 확인할 수 없어 「국민기초생활보장법」에 따른 보장시설에 보호의뢰 한 사람
- 부모(부모가 사망이나 그 밖에 사유로 입양동의를 할 수 없는 경우 다른 직계존속) 또는 후견인이 입양에 동의하여 보장시설 또는 입양기관에 보호의뢰 한 사람
- 법원에 의하여 친권상실의 선고를 받은 사람의 자녀로서 시 · 도지사 또는 시장 · 군수 · 구청장이 보장시설에 보호의뢰한 사람
- 그 밖에 부양의무자를 알 수 없는 경우로서 시 · 도지사 또는 시 · 군 · 구청장이 보장시설에 보호의뢰한 사람

(2) 입양부모

양친 즉 양부모가 될 자격은 다음의 요건을 모두 갖추어야 한다(입양특례법 제10조).

- 양자를 부양하기에 충분한 재산이 있을 것
- 양자에 대하여 종교의 자유를 인정하고 사회의 구성원으로서 그에 상응하는 양육과 교육을 할 수 있을 것
- 양친이 될 사람이 아동학대 · 가정폭력 · 성폭력 · 마약 등의 범죄나 알코올 등 약물중독의 경력이 없을 것
- 양친이 될 사람이 대한민국 국민이 아닌 경우 해당 국가의 법에 따라 양친이 될 수 있는 자격이 있을 것
- 그 밖에 양자가 될 사람의 복지를 위하여 보건복지부령으로 정하는 필요한 요건을 갖출 것
  - 25세 이상이며 아동과의 연령차이가 60세 이내(외국인인 경우 25~45세 미만)
- 양친이 될 사람은 양자가 될 아동이 복리에 반하는 직업이나 그 밖에 인권침해의 우려가 있는 직업에 종사하지 아니하도록 하여야 한다.
- 양친이 되려는 사람은 입양의 성립 전에 입양기관 등으로부터 보건복지부령으로 정하는 소정의 교육을 마쳐야 한다.

(3) 친생부모

친생부모 즉 친부모는 입양아동의 생물학적 부모로서 혈연으로 맺어진 관계이다. 친부모는 합법적인 혼인 절차를 거친 부모와 그렇지 않은 미혼부모로 나뉜다.

4) 입양유형 및 입양절차

(1) 입양유형

입양유형은 입양가족의 친족여부에 따라 친족입양과 비친족입양으로 구분된다. 그리고 입양되는 지역에 따라 국내입양과 국외입양으로, 입양주체에 따라 독립입양과 기관입양으로 나뉘어진다. 이외에도 입양의 공개여부에 따라 비밀입양과 공개입양으로 구분된다. 좀 더 구체적으로 살펴보면 다음과 같다.

① 친족입양과 비친족입양

아동을 입양하는 입양부모와의 혈연 유무에 따라 입양의 종류는 나눌 수 있다. 친족입양은 확대가족 등 혈연관계 또는 아버지나 어머니의 재혼으로 인해 성립된 입양이다. 비친족입양은 혈연관계나 가족관계를 갖고 있지 않은 입양부모에 의해 성립된 입양이다.

② 국내입양과 국외입양

입양되는 지역에 따라 국내입양과 국외입양으로 구분되는데, 국내입양은 아동이 출생한 나라에서 입양하는 것으로 비밀위주의 입양 관행, 가부장적 가족문화 등 혈연을 중시하는 보수적 가족관으로 인해 활성화되지 못하고 있다. 아동의 입양의뢰 후 5개월간은 국내입양을 우선 추진하고 그 이후에 국외입양을 추진한다. 국외입양은 국외에 거주하는 외국인이 국내에 거주하는 아동을 입양하는 해외입양을 말한다.

③ 독립입양과 기관입양

입양의 주체에 따라 독립입양과 기관입양으로 구분할 수 있다. 독립입양은 입양기관을 통하지 않고 친부모와 양부모 간의 협의를 통해 입양이 이루어진다. 기관입양은 국가가 인정하는 입양기관을 통해 입양하는 것이다. 독립입양에 비해 입양 이후의 문제발생이 적다.

④ 비밀입양과 공개입양

입양의 공개여부에 따라 비밀입양과 공개입양으로 구분된다. 우리나라의 입양 문화는 비밀입양에서 공개입양으로 나아가고 있다. 먼저 비밀입양은 입양아동뿐만 아니라 주변의 모든 사람들에게 입양 사실을 알리지 않는 것으로, 마치 입양아동을 출산한 것처럼 가정하며 비밀을 계속 유지하는 것을 말한다. 물론 친부모와의 관계도 완전히 단절된다. 비밀입양은 입양아라는 사회적 낙인으로부터 아동을 보호하기 위해 주로 선택되어졌다.

공개입양은 입양사실을 입양아동과 친척, 주변 사람들에게 공개하지만 친부모와는 직·간접으로 접촉하지 않는다. 공개입양에서 더 나아간 개방입양은 입양사실을 공개하며 입양아동, 입양부모, 친부모 등 입양의 당사자들이 편지, 만남, 사진 교환 등의 직·간접적인 접촉을 통해 지속적인 관계를 유지한다. 요즘 대부분의 전문가들은 입양사실이 일찍 알려지는 것이 아이들의 정서적인 건강에 더 좋을 것이라는데 동의하고 있다. 개방입양의 경우 아동의 정체성 형성에도 도움이 될 수 있다.

(2) 입양절차

요보호 아동 발생

- 친생부모 : 입양숙려기간(일주일) 준수
  - 양육에 관한 정보, 사회적응서비스, 정부지원정보 제공
  - 기아 : 기아발견신고 및 조서 작성, 부양의무자공고, 후견인지정, 가족관계등록창설(가정법원 성·본 창설허가재판)

↓

입양동의 전 상담

- 친생부모 및 양자될 사람(요보호아동)에게 입양의 동의, 입양의 효과 및 파양, 입양정보공개청구 등 충분한 상담 제공
  - 입양기관은 상담내용을 관할 시·군·구에 보고
  - 보고받은 관할 시·군·구 아동보호전담요원은 친생부모 추가상담 제공(선택)

↓

입양동의

- (친생부모) 입양결정 후 입양동의서 작성
- 친생부모가 미성년일 경우 친생부모의 법정대리인의 동의를 모두 받아야 함
  (법정대리인이 친권자가 이혼했을 경우 법원지정 친권자 1인의 동의를 받아야 함)
- 아동이 13세 이상인 경우 아동의 입양동의서를 받아야 함

↓

아동 인수 및 보호

- (지자체) 입양기관 소재 시·군·구 아동보호전담요원 개별·보호관리계획·작성→아동복지심의위원회를 통해 개별보호·관리계획 확정 및 입양 결정→입양대상아동 확인서 발급
- (입양기관)아동배경보고서 및 아동카드 작성, 아동인수일로부터 2주 이내 ACMS(입양정보통합관리스템)에 아동정보등록

↓

예비양부모 입양신청

- 전화, 내방 등 개별 및 부부상담 진행(입양기관)
- 법 제10조(양친이 될 자격 등) 충족

↓

양친 가정조사

- 양친가정조사신청서(별지 제6호) 제출
  - 구비서류 : 양친가종조사신청서(별지 제6호서식), 가족관계증 명서, 혼인관계증명서, 주민등록등본
- 가정조사 실시(입양특례법 제10조, 동법 시행규칙 제8조제2항)
- 범죄경력 및 아동학대사례 판단이력 조회
- 예비양부모 교육 : 보건복지부령으로 정하는 소정의 교육 이수(별지 제1호 양친교육이수증명서 발급)

↓

양친가정조사서 발급

- 입양특례법 시행규칙 제8조제2항에 따른 양친가정조사서(별지 7호) 발급

↓

※ 국내에서 양친될 자를 찾지 못했을 경우

〈법원의 추가보정 요청이 있을 시〉
- 구비서류 재정비 및 예비양부모 소환(가사조사관) 등

결연

- 국내입양 우선추진(5개월/ACMS활용)
- 양친될 자와 입양대상아동 결연

※ 법제11조제1항에 따른 서류 구비

국외입양 예비양부모

- 법 제10조에 따르며, 해당국에서도 양친이 될 자격을 인정받아야 함
- 국외입양의 가정조사는 입양을 원하는 국가 또는 그 국가의 헤이그인증기관이 작성한 양친가정조사서에 관한 서류로 갈음함

법원허가제

- 양자가 될 사람의 등록기준지 또는 주소지 관할 가정법원에 신청
  - 구비서류 : 입양허가신청서, 입양동의서, 사건본인서류(기본증명서, 가족관계증명서, 주민등록등본), 입양대상아동 확인서, 청구인서류(기본증명서, 혼인관계증명서, 가족관계증명서, 주민등록등본), 양친교육이수증명서, 범죄경력조회 회신서, 양친가정조사서
- 가정법원의 인용심판 확정
- ACMS 정보 입력 : (입양조치일자) 심판확정문 확정일, 그 외 : 조치구분에 따른 일자

해외이주허가(국외입양)

- 해외이주허가신청서(별지 제11호) 및 해외이주허가신청 제출서류 구비하여 보건복지부 장관에게 허가신청

국내입양

- 친양자입양신고(가정법원의 허가서 첨부)
- ACMS 정보 입력
  - (입양신고일) 친양자입양신고서상 신고일
- 시군구아동복지심의위원회 보호조치 종결심의

국외입양

- (입양아동) 여권 및 비자 신청 · 발급
- 입양아동의 인도와 보고

해당국가 입양허가

- 입양아동의 적응보고 및 입양종결
- 해당국 가정법원 입양허가신청 및 판결
- 국적취득(시민권)

사후서비스 제공

- 입양성립 후, 1년 동안 사후관리 제공(입양기관)
  - 가정방문, 아동발달상태 등 관찰, 아동-부모 관계 관찰, 가정환경 확인 등
  - 입양기관 관할 아동보호전담요원은 입양기관의 사후관리 이행상황 모니터링 진행
- 입양정보공개청구 등

사후서비스 제공

- 국적취득보고(입양기관)
- 입양정보공개청구
- 모국방문사업, 모국어연수지원, 모국에 관한 자료 제공, 친생부모 찾기 사업, 입양정보 공개제도에 관한 홍보, 국적회복지원, 국외로 입양된 자를 위한 상담 등

❙그림 9-4❙ 입양흐름도

출처 : 보건복지부 · 아동권리보장원(2023a). 2023 입양실무매뉴얼 재구성.

5) 입양가정을 위한 지원서비스

(1) 입양특례법상 예비입양부모교육

입양특례법상 입양을 준비하는 모든 예비입양부모는 입양의 성립 전에 입양기관 등이 하는 필수교육을 받아야 하며, 가정법원에 입양허가 신청 시 양친이 될 자격을 갖추었음을 증명하는 서류의 하나로 '양친교육 이수증명서'를 제출해야 한다. 모든 예비입양부모를 대상으로 하는 기본교육 12시간(입양기관 또는 아동권리보장원주관, 필수), 심화교육 8~15시간(아동권리보장원 주관, 선택)으로 이루어진다.

먼저 기본교육의 교육내용은 다음과 같다.

〈표 9-6〉 입양부모교육(기본교육)

주 제	내 용	강의방법
입양의 이해 입양가정 지원 및 사후서비스	• 입양의 개념 및 유형 • 입양의 효과 및 절차 • 입양동기(입양배경, 기대, 의미 등) • 입양가정지원, 사후서비스, 입양정보공개청구	강의
입양아동의 심리 및 정서	• 아동중심 입양의 이해(UN아동권리협약 등) • 입양삼자의 이해(입양아동, 친생부모, 입양부모) • 입양 말하기 • 친생 가족 찾기 • 아동학대예방	강의 및 소그룹토론
자녀 양육방법	• 영아기, 걸음마기, 유아기 발달과 부모의 역할 • 자녀양육방법(긍정훈육 등) • 아동발달의 이해 • 아동기에 발생할 수 있는 어려움 • 아동의 기질과 부모의 양육행동	강의 및 소그룹토론
기타	• 그 밖에 보건복지부장관이 필요하다고 인정한 사항	
사례발표	• 입양사후서비스(입양인 및 입양부모, 친생부모의 이해)	사례발표

출처 : 보건복지부 · 아동권리보장원(2023a). 2023 입양실무매뉴얼에서 재구성.

심화교육의 교육대상은 만 1세 이상의 아동(연장아) 또는 장애아를 입양하는 경우, 기존에 자녀가 있거나 재입양하는 경우, 난임가정 등 입양가정 및 입양아동의 특성별로 진행한다. 교육방법은 예비입양부모 특성별, 회차별 집합교육 형태로 총 8~15시간 교육을 진행한다. 교육내용은 연장아 등 특수욕구 입양아동의 이해, 입양부모의 역할 · 어려움 및 문제해결 방법, 입양 말하기, 입양가정 사례발표 등 예비입양부모 특성에 맞는 맞춤형 교육으로 진행한다.

〈표 9-7〉 입양부모교육(심화교육)

주제	내용	강의방법
특수욕구아동 입양가정 과정	• 만1세 입양아동의 이해(연령별 특성 및 발달) • 만1세 이상 아동을 입양하는 부모(역할 및 어려움, 문제해결 등) • 장애아동 및 학대피해아동의 이해 • 사례발표(입양인 및 입양부모)	강의 및 소그룹 토론
첫아이입양(난임)가정 과정	• 입양에 대한 기대와 고민 • 난임의 상실과 애도 • 난임의 수용과 입양결정 • 입양아동의 이해와 부모역할 • 입양말하기 • 사례발표(입양인 및 입양부모)	강의 및 소그룹 토론
유자녀가정 과정	• 아동중심입양 • 입양의 동기점검과 준비 • 아동의 발달과 기질 • 입양아동과 부모의 초기적응 • 형제 · 부부관계, 사회서비스 • 입양가정의 실제적응 • 사례발표(입양인 및 입양부모	강의 및 소그룹 토론
사례발표	• 입양사후서비스(입양인 및 입양부모, 친생부모의 이해)	사례발표

(2) 경제적 지원

정부에서는 입양활성화와 입양가정의 경제적 부담을 경감시키기 위하여 다양한 지원책을 마련하였다.

① 입양수수료 지원 및 입양축하금 지원

장애아동을 국내입양한 가정에는 입양기관에 지급하는 비용인 입양수수료 지원 및 입양축하금 등을 지원한다.

② 양육수당

입양아동이 만18세가 될 때까지 월 20만원을 지급하고, 장애아동의 경우 장애아동 양육보조금과 동시지급이 가능하다. 장애아동의 경우 입양아동 양육수당과 동시 지급이 가능하다. 외국에서의 국외입양을 한 가정은 지급대상이 아니다.

③ 양육보조금 및 의료비 지원

장애아동을 국내 입양한 가정으로 장애아동이 만 18세가 되는 날이 속하는 달까지 정기적으로 장애아동 양육보조금 및 의료비를 지원한다.

④ 입양아동 의료급여

의료급여 1종으로 지정하여 의료비를 지원한다. 만 18세 미만의 입양아동에게 의료급여 1종을 지정하여 의료비를 지원한다(입양가족은 제외). 만 20세 미만의 중고교 재학생 포함, 생일이 도래하는 날이 속한 이전 달까지 적용되며, 그 전에 중·고교를 졸업하는 경우 졸업하는 날이 속한 달의 이전 달까지 적용된다.

⑤ 입양아동 심리정서 지원

입양아동 중 주의력결핍과잉행동장애(ADHD), 정서불안 등으로 인해 상담치료가 필요한 아동에게 검사비 및 심리정서치료비를 지원하며, 지자체 지원이다.

⑥ 입양인 입양정보공개 청구, 친가족찾기

입양인 입양정보공개는 입양인이 입양관련 정보의 전부 또는 일부의 공개를 청구하면, 입양과 관련된 정보를 공개하는 제도로, 입양기관과 아동권리보장원에 입양관련 정보를 공개 청구할 수 있다. 그리고 무연고 입양인 유전자 정보를 등록 지원하며, 언론·방송사 등 매체 활용을 통한 입양인 가족 찾기 지원은 언론·방송사, 국민건강보험공단과 협력하여 입양인의 사연을 홍보하고 가족찾기를 지원한다.

(3) 다양한 사후서비스 프로그램 제공

국내입양의 경우 입양부모교육, 입양아동 치료지원, 입양아동 자아성장 지원서비스, 유리드믹스, 자조모임, 사후상담 및 사후방문, 사례관리, 친생부모찾기 및 기타사후서비스, 친생부모관리 등의 다양한 사후서비스 프로그램이 제공된다. 국외입양은 국외입양인의 모국 방문 및 정착, 국내입양인의 입양 후 양부모와 상호적응 등을 위한 입양 사후서비스 프로그램 지원 등이 이루어진다.

(4) 입양휴가제

제2의 출산인 입양에 대한 사회적 인식개선을 위해 출산휴가와 같은 입양휴가제를 공무원을 대상으로 시행하고 있다.

6) 입양정책의 과제

(1) 입양문화 개선

입양에 대한 편견과 인식부족이 존재하는 것은 엄연한 현실이다. 부모에게 양육되지 못하는 아동은 발생하기 마련이다. 아동은 자신이 태어난 가정에서 부모의 사랑을 받고 자라는 것이 가장 행복하다. 그러나 청소년 미혼부모 또는 지지기반이 없는 미혼부모외에 자녀양육 의지가 있는 부모이지만 경제적 어려움, 원가족의 반대 등으로 입양을 진행하는 다양한 상황으로 인해 입양은 결정된다. 자녀의 권리와 복지를 위해 부득이하게 입양을 선택한 친부모의 선택은 존중되어야 하며, 타인이 이를 쉽게 평가할 수는 없다. 자녀의 입양을 선택한 부모는 무책임한 부모가 아니라 자녀의 건강과 행복한 삶을 선택한 것일 수도 있다.

건강한 입양문화 발전을 위해서는 먼저 입양에 대한 국민들의 인식 변화가 전제되어야 한다. 입양에 대한 올바른 인식에 근거한 건강한 입양문화가 학교교육이나 대중매체를 통해 확산될 필요가 있다. 이는 아동의 권리이자 사회적 책임이다. 입양의 날 행사, 적극적인 입양홍보 등을 통해 입양문화를 변화시켜야 한다.

(2) 입양가정에 대한 정부 재정지원의 확대

우리나라는 OECD 국가에서 유일하게 아동을 외국으로 입양을 보내는 나라이다. 국내입양우선추진제가 도입되었지만, 내가 낳은 자식을 내 나라에서 기르지 못하고 외국으로 입양을 보내는 나라이다. 부끄러운 일이기도 하지만 도덕적, 윤리적으로도 낯 뜨거운 일이다. 획기적인 대책을 내놓아야 한다. 공적시스템 강화라는 명분으로 많은 입양 예산이 투입되고 있지만, 상당 부분이 인건비와 운영비 중심이고 실질적인 지원이 부족하다. 입양제도는 입양 자체만이 아닌 아동보호체계와 가정복지체계 전반의 시스템에서 논의돼야 한다(박은희, 2020). 실질적으로 입양가족을 지원할 수 있는 양육수당, 양육보조금 등 재정지원이 확대되어야 한다.

(3) 사후관리 내실화

입양은 출산과 같이 가족을 이루는 또 하나의 방법이다. 따라서 입양 후 안정적인 정착을 위한 사후관리의 강화가 이루어져야 한다. 이를 위해 사후관리가 입양자녀의 아동학대 예방을 위한 감시 · 감독이 아니라, 양육의 어려움을 해결하는 데 도움을 주는 과정으로 진행될 필요가 있다. 즉 입양부모가 자녀양육 시 필요한 놀이와 양육 정보를 제공할 수 있는 전문가와 함께 이뤄질 필요가 있다. 또한 입양가정의 심리·정서적 지원 서비스의 제공 확대와 개선이 필요하다.

생각 더하기 입양숙려제

- 입양동의는 아동의 출생 후 1주일이 경과한 후에만 가능(법 제13조)
- 친생부모가 아동 최선의 이익을 위해 원가정 보호를 우선적으로 고려할 수 있도록 아동의 출생 후 일주일의 숙려기간을 둔다.

피치 못할 사정으로 입양을 생각하신다면 일주일 동안의 입양숙려기간을 통해 다시 한번 생각할 시간을가지세요!

입양숙려기간 모자지원사업 안내

- 지원내용
  - 미혼 한부모가 선택하는 서비스 이용 비용 지원

- 지원대상
  - 출산(예정) 후 미혼·이혼 한 부모로써 아래 선정기준을 충족한 자
  - 단, 지원기간동안 입양(동의) 사실이 없을 것

- 참여방법
  - 출산(예정) 여부 : 출산(예정)일 전 40일 또는 후 7일 이내에 있는 자
  - 혼인 여부 : 혼인관계증명서 상 혼인관계에 있지 아니한 자
  - 출산 후 돌봄 지원 관련 유사사업(산모·신생아도우미 지원사업, 탈북산모를 위한 산모도우미 지원사업)과 중복지원 금지

출처 : 아동권리보장원(https://www.ncrc.or.kr).

생각 더하기 **3,756명, 사회가 품어야 할 아이들… '가정형 보호'가 절실하다. 잠시만 부모가 되어주세요**

3,756명. 유기, 학대, 미혼 부모, 부모의 빈곤 등으로 친부모가 돌볼 수 없어 사회의 보호가 필요한 아이들의 숫자(2022년 기준)다. 보건복지부에 따르면 2009년까지 1만 명을 넘어섰던 보호가 필요한 아이들은 2010년부터 1만 명 아래로 감소했지만, 4,000~5,000명대에서 더 이상 줄어들지 않고 있다. 2019년은 4,612명, 2020년 5,053명, 2021년 4,521명의 아이가 사회의 보호가 필요한 것으로 집계됐다. 하지만 아이들을 품을 수 있는 대안으로 거론되는 가정위탁은 21년째 사회적 관심과 홍보 부족, 표류하는 정책 등으로 힘을 받지 못하고 있다.

#외면받는 위탁가정
학대 사건 터져야 반짝 관심
21년째 표류… 위탁가정 줄어

아이들은 혼자서는 생존이 불가능하기 때문에 친부모가 돌볼 수 없다면 사회가 품어야 한다. 아동복지법에 따라 국가와 지방자치단체는 아동보호시설 등을 통해 보호가 필요한 아이들을 돌보고 있지만, 품을 수 있는 아이의 숫자가 한정적이다 보니 여전히 해외로 입양을 보내기도 한다. 이런 상황을 반영해 최근에는 아동보호시설 등 시설형 보호보다 가정위탁 같은 가정형 보호로 전환해야 한다는 목소리도 커지고 있다. 정부의 국정과제에 보호아동의 가정형 거주 전환 로드맵이 포함된 이유이기도 하다. 이 로드맵은 보호대상 아동이 인권을 존중받고 가정과 유사한 환경에서 성장할 수 있도록 아동보호체계를 재정비하는 것을 목표로 한다.
가정형 보호의 대표적인 제도인 가정위탁은 보호가 필요한 아동을 시설에 보내는 대신 가정에서 키운다. 친부모의 양육 능력이 회복되면 원래 가정으로 복귀한다는 점이 입양과 가장 큰 차이다. 친부모의 상황이 나아지지 않으면 위탁아동이 만 18세가 돼 '자립준비청년'이 되면서 독립하게 된다. 위탁을 연장해 만 24세까지도 위탁가정에서 지낼 수 있다. 강현주 한국보건복지인력개발원 교수는 "가정 내 가족 관계를 통해 사랑과 애착 관계를 배우고 경험하는 것이 아동의 성장 과정에 긍정적인 영향을 미친다"고 설명했다.
아동학대 사건이나 영아 유기 사건 때마다 가정위탁은 아이들을 보호할 수 있는 제도로 언급되지만, 잠시 주목받다가 이내 관심이 사라진다. 지난해 출생신고조차 되지 않고 유기되는 아이들이 8년간 2,000명이 넘는다는 사실이 드러났을 때도, 2020년 태어난 지 16개월 된 아기가 양부모의 학대로 숨진 '정인이 사건'이 발생했을 때도 가정위탁 제도는 대안으로 거론됐다.
하지만 도입된 지 21년이 지난 지금도 제도의 존재조차 모르는 이들이 많고 위탁가정의 숫자는 오히려 감소했다. 아동권리보장원에 따르면 2012년 1만 1,030가구였던 전체 위탁가정(전문 · 일반 · 일시 모두 포함)은 2022년 7,591가구로 줄었다. 출생 아동이 줄어든 영향도 있지만 여전히 보호가 필요한 아동의 절반 정도만 가정형 보호를 받는다는 점을 감안하면 제도가 활성화되지 못하고 있다는 얘기다. 복지부에 따르면 2022년 기준 보호가 필요한 아동 3,756명 가운데 중장기 보호 조치가 취해진 아동은 1,881명이었다. 이 가운데 가정형 보호 조치(가정위탁 802명, 입양 전 위탁 114명, 입양 52명)가 취해진 아동은 모두 968명으로 전체의 절반 수준(51.5%)에 그쳤다.

출처 : 서울신문(2024. 1. 1). https://www.seoul.co.kr/news/newsView.php

10
CHAPTER

시설보호서비스

1. 시설보호의 개념 및 배경
2. 시설아동 보호 현황
3. 아동복지시설
4. 보호서비스의 절차와 내용
5. 시설보호서비스의 개선방안

10 CHAPTER

시설보호서비스

시설보호는 가정위탁, 입양과 함께 보호대상아동을 보호하는 대표적인 대리서비스이다. 우리나라 아동보호체계상 보호를 필요로 하는 아동들의 보호조치는 가정보호를 우선하고 있지만, 시설보호 중심의 아동복지서비스가 여태껏 많은 역할을 담당해왔다. 이 장에서는 시설보호의 개념 및 배경, 시설아동 보호 현황, 아동복지시설, 보호서비스의 절차 및 내용, 개선방안에 대해 살펴보고자 한다.

1. 시설보호의 개념 및 배경

일반적으로 시설보호란 아동의 부모나 보호자가 자녀를 양육할 능력이나 의사가 없을 때 부모나 보호자를 대리하여 시설에서 일시적이거나 장기적으로 보호하는 것을 의미한다. 우리나라의 시설보호는 1950년 한국전쟁과 이후 급격히 증가한 전쟁고아들을 수용·보호하기 위해 출발하였던 아동양육시설이 중심적 역할을 하였다. 이후 외환위기로 인한 경제적 어려움과 각박한 현실 속에서 가정해체가 증가하였고 빈곤, 학대, 유기 등 보호대상아동은 꾸준히 증가하고 있다. 이에 따라서 아동양육시설을 비롯한 아동복지시설의 대리적 서비스의 역할이 점점 더 중요해지고 있다. 또한 아동복지 정책의 변화로 인해 대규모의 시설보호보다는 공동생활가정 등의 시설의 소규모화가 이루어지고, 개별적이고 전문적인 서비스가 지원되고 있다.

시설보호서비스는 아동의 주거보호 외에 교육과 사회화를 제공, 과거 부정적 생활 경험으로 인한 정서 · 신체적 문제를 치유, 아동의 욕구에 따라 개별화된 서비스를 제공해야 한다는 목적을 가지고 있다.

2. 시설아동 보호 현황

매해 실시하는 보건복지부의 보호대상아동 현황조사에 의하면, 보호대상아동의 수는 2013년 6,020명, 2017년 4,125명, 2021년 3,437명, 2022년 2,289명으로 점차 하락하는 추세이다. 보호조치 아동의 발생원인은 대체로 학대, 이혼, 미혼부모, 혼외자, 비행, 가출, 부랑아 등으로 인한 것이다. 보호대상의 발생은 아동내부의 문제가 아니라 부모학대, 부모빈곤, 실직 등 아동외부의 원인으로 많이 발생하는 것으로 나타났다.

참고로 〈표 10－1〉에 제시된 '학대, 부모빈곤, 실직 등'은 아동학대, 부모빈곤 · 실직, 부모사망, 부모질병, 부모이혼 등을 합친 의미이다.

〈표 10-1〉 보호대상 아동의 발생유형 (단위 : 명)

발생유형	2013	2014	2015	2016	2017	2018	2019	2020	2021	2022
학대, 부모빈곤, 실직 등	3,668	2,965	2,866	3,139	2,778	2,726	2,865	3,006	2,661	1,953
비행, 가출, 부랑	512	508	360	314	227	231	473	468	293	11
미혼부모, 혼외자	1,534	1,226	930	855	847	623	464	466	366	252
유기	285	282	321	264	261	320	237	169	117	73
미아	21	13	26	11	12	18	8	11	0	0
계	6,020	4,994	4,503	4,583	4,125	3,918	4,047	4,120	3,437	2,289

출처 : e-나라지표(보건복지부 보호대상아동 현황보고).

한편 보호대상 아동의 보호조치 현황은 다음과 같다. 〈표 10－2〉에 제시된 시설보호는 아동양육시설 등, 일시보호시설, 장애아동시설, 공동생활가정의 입소를 의미한다.

〈표 10-2〉 보호조치 현황 (단위 : 명)

구분	2013	2014	2015	2016	2017	2018	2019	2020	2021	2022
시설보호	3,257	2,900	2,682	2,887	2,421	2,449	2,739	2,727	2,183	913
가정위탁 (입양전 위탁포함)	2,265	1,688	1,582	1,447	1,417	1,294	1,199	1,305	1,179	916
입양	478	393	239	243	285	174	104	88	75	52
소년소녀 가정	20	13	0	6	2	1	5	0	0	0
보호유형 계	6,020	4,994	4,503	4,583	4,125	3,918	4,047	4,120	3,437	1,881

출처 : e-나라지표(보건복지부 보호대상아동 현황보고).

보호대상아동의 발생은 경기의 영향을 많이 받고 있으며, 아동보호는 비밀입양 위주의 입양문화, 혈연중심의 가족문화 등으로 인해 입양·가정위탁보다는 아동시설보호 위주로 이루어져 왔음을 알 수 있다. 또한 가정위탁 및 국내입양 활성화를 통해 시설보호 위주에서 가정중심의 아동보호정책으로 변화되어야 함을 보여주는 결과이다.

3. 아동복지시설

1) 아동복지시설의 종류

아동복지시설은 아동의 보호·양육·지원을 위하여 아동복지서비스를 제공하는 것을 목적으로, 보호대상아동을 건전한 사회인으로 자랄 수 있도록 보호조치하기 전 일시보호하고 가정 복귀, 입양, 가정위탁이 어려운 아동을 보호 및 양육하거나 아동복지시설을 퇴소한 사람에게 취업준비기간 또는 취업 후 일정 기간 동안 보호함으로써 자립을 지원한다. 아동복지시설의 종류는 다음과 같다.

〈표 10-3〉 아동복지시설의 종류

구 분	내 용
아동양육시설	보호대상아동을 입소시켜 보호, 양육 및 취업훈련, 자립지원 서비스 등을 제공하는 것을 목적으로 하는 시설
아동일시보호시설	보호대상아동을 일시보호하고 아동에 대한 향후의 양육대책수립 및 보호조치를 행하는 것을 목적으로 하는 시설
아동보호치료시설	아동에게 보호 및 치료 서비스를 제공하는 다음 각 목의 시설 • 불량행위를 하거나 불량행위를 할 우려가 있는 아동으로서 보호자가 없거나 친권자나 후견인이 입소를 신청한 아동 또는 가정법원, 지방법원소년부지원에서 보호위탁된 19세 미만인 사람을 입소시켜 치료와 선도를 통하여 건전한 사회인으로 육성하는 것을 목적으로 하는 시설 • 정서적 · 행동적 장애로 인하여 어려움을 겪고 있는 아동 또는 학대로 인하여 부모로부터 일시 격리되어 치료받을 필요가 있는 아동을 보호 · 치료하는 시설
공동생활가정	보호대상아동에게 가정과 같은 주거여건과 보호, 양육, 자립지원서비스를 제공하는 것을 목적으로 하는 시설
자립지원시설	아동복지시설에서 퇴소한 사람에게 취업준비기간 또는 취업 후 일정 기간 동안 보호함으로써 자립을 지원하는 것을 목적으로 하는 시설
아동상담소	아동과 그 가족의 문제에 관한 상담, 치료, 예방 및 연구 등을 목적으로 하는 시설

출처 : 보건복지부(2023e). 2023 아동분야사업안내.

2) 아동복지시설의 현황

2022년 12월 31일 기준으로, 전국의 아동복지시설은 306개소로 그중 91.5%의 아동이 아동양육시설에서 보호를 받고 있다. 아동양육에 대한 더 철저한 감독과 점검이 요구된다.

〈표 10-4〉 아동복지시설의 종류

구분	계(현원)		아동양육 시설		아동보호 치료시설		자립지원 시설		일시보호 시설		아동 상담소	전용 시설
	시설	인원	시설	인원	시설	인원	시설	인원	시설	인원		
계	306	10,312	245	9,439	12	435	15	215	17	223	10	7

출처 : 보건복지부(2023g). 2023년도 아동복지시설 현황.

3) 공동생활가정

공동생활가정은 아동복지시설 중에서 대규모 집단 시설 위주의 보호에서 소규모 가정 형태 보호로의 전환을 강조하고, 지역사회 중심의 아동보호를 위한 새로운 보호 형태로 논의되고 있다. 공동생활가정은 사회복지법인, 비영리법인, 비영리단체, 개인 등이 보호자 3명과 사회적 보호가 필요한 아동 · 소년 5~7명이 살아가는 그룹홈의 욕구에 대응하여 한 가정을 구성하여 보호를 필요로 하는 아동에게 가정과 같은 주거여건과 보호를 제공하여 아동 · 청소년의 건강한 성장을 도모하는 아동복지시설이다. 공동생활가정은 남녀 분리형(성별 분리 보호함. 다만, 초등학교 미만 남매의 경우 지자체 장의 결정으로 같은 그룹홈에 배치 가능하나 초등학교 입학 연령에 도달한 경우 남녀 분리)으로 아동을 배치한다.

아동복지법상 2004년에 아동복지시설 종류에 공동생활가정이 추가되었고, 2015년의 480개소에서 2020년 591개소로 점점 공동생활가정의 수가 늘어나고 있다.

〈표 10-5〉 공동생활가정 연도별 추이

구 분	2015	2016	2017	2018	2019	2020
시설수	480	510	533	558	578	591

출처 : 보건복지부(https://www.mohw.go.kr).

공동생활가정의 운영 프로그램을 소개하면 다음과 같다.

〈표 10-6〉 공동생활가정 운영 프로그램(예시)

구 분	프로그램
아동 · 청소년의 자립 능력 향상	• 아동청소년의 발달론적 관점에서의 특성 이해 • 아동의 특성과 능력에 맞는 개별화된 서비스 제공 - 아동의 강점을 이해하고 과제 해결 중심 접근 • 아동의 학령에 맞는 개별적인 연차적 자립 계획 수립 - 매년 아동의 욕구를 점검하여 수정
원가족과의 관계 회복	• 가족 방문 또는 전화, 문자, 편지, 카드 등 지속적인 관계 유지 노력 연 1회 이상 • 가족참여 프로그램(예 가족캠프 등) 연 1회 이상 실시 • 관련 기관 및 단체 등과 연계하여 부모 교육 등 연 1회 이상 실시
학교와 관계 형성	• 학교교사와 정기적이고 지속적인 상담, 정보 공유, 학교행사 참여 - 분기 1회 이상 아동 생활 상황에 대해 교류한 기록 보유
지역 내 자원활용	• 지역 내 관공서, 민간 자원 등 자원 연계 • 자원봉사 및 후원 기관과 관계 형성

출처 : 보건복지부(2023e). 2023 아동분야사업안내.

4) 아동복지시설의 통합 설치

아동복지시설은 통합하여 다기능화하여 설치할 수 있는데 각 시설의 고유한 목적 사업을 위반하지 않는 범위 내에서 시설별 설치기준 및 운영기준을 충족하는 경우에는 다음의 사업을 추가할 수 있다.

〈표 10-7〉 통합·설치 가능한 아동복지시설

구 분	내 용
아동가정지원사업	지역사회 아동의 건전한 발달을 위하여 아동, 가정, 지역 주민에게 상담, 조언 및 정보를 제공해 주는 사업
아동주간보호사업	부득이한 사유로 가정에서 낮 동안 보호를 받을 수 없는 아동을 대상으로 개별적인 보호와 교육을 통하여 아동의 건전한 성장을 도모하는 사업
아동전문상담사업	학교부적응아동 등을 대상으로 올바른 인격 형성을 위한 상담, 치료 및 학교폭력 예방을 실시하는 사업

학대아동보호사업	학대아동을 발견, 보호, 치료 및 아동학대의 예방 등을 전문적으로 실시하는 사업
공동생활가정사업	보호대상아동에게 가정과 같은 주거 여건과 보호를 제공하는 것을 목적으로 하는 사업
방과 후 아동지도사업	저소득층 아동을 대상으로 방과후개별적인 보호와 교육을 통하여 건전한 인격 형성을 목적으로 하는 사업

출처 : 보건복지부(2023e). 2023 아동분야사업안내.

5) 아동복지시설 종사자

(1) 종사자의 자격기준

아동복지시설 종사자는 아동복지시설에서 아동의 상담 · 지도 · 치료 · 양육, 그 밖에 아동의 복지에 관한 업무를 담당하는 사람을 말한다. 아동복지시설에는 필요한 전문인력을 배치하여야 하는데, 아동복지시설 종사자의 직종과 수, 그 자격 및 배치기준은 대통령령으로 정한다. 아동복지시설 종사자의 자격기준은 다음과 같다.

〈표 10-8〉 아동복지시설 종사자의 자격기준

직종별	자격기준
아동복지 시설의 장	1. 「사회복지사업법」에 따른 사회복지사 2급 이상의 자격 취득 후 아동과 관련된 사회복지사업에 3년 이상 또는 사회복지사업에 5년 이상 종사한 경력이 있는 사람 2. 학대아동보호사업과 관련된 기관에서 3년 이상 근무한 경력이 있는 사람 3. 7급 이상 공무원으로서 국가나 지방자치단체에서 사회복지사업에 관한 행정업무에 5년 이상 종사한 경력이 있는 사람 4. 「의료법」에 따른 의사 · 한의사 또는 치과의사 면허 취득 후 3년 이상 진료 경력이 있는 사람 5. 「정신건강증진 및 정신질환자 복지서비스 지원에 관한 법률」에 따른 정신건강전문요원 자격 취득 후 사회복지사업에 5년 이상 종사한 경력이 있는 사람 6. 「영유아보육법」에 따른 보육교사 1급 자격 취득 후 사회복지사업에 5년 이상 종사한 경력이 있는 사람 7. 유치원, 초등학교 또는 중등학교 교사 자격증 취득 후 사회복지사업에 5년 이상 종사한 경력이 있는 사람 8. 직업훈련교사, 간호사, 영양사 자격 취득 후 사회복지사업에 5년 이상 종사한 경력이 있는 사람

사무 국장	1. 「사회복지사업법」에 따른 사회복지사 2급 이상의 자격 취득 후 아동과 관련된 사회복지사업에 1년 이상 또는 사회복지사업에 3년 이상 종사한 경력이 있는 사람 2. 학대아동보호사업과 관련된 기관에서 1년 이상 근무한 경력이 있는 사람 3. 9급 이상 공무원으로서 국가나 지방자치단체에서 사회복지사업에 관한 행정업무에 3년 이상 종사한 경력이 있는 사람 4. 「정신건강증진 및 정신질환자 복지서비스 지원에 관한 법률」에 따른 정신건강전문요원 자격 취득 후 사회복지사업에 3년 이상 종사한 경력이 있는 사람 5. 「영유아보육법」에 따른 보육교사 1급 자격 취득 후 사회복지사업에 3년 이상 종사한 경력이 있는 사람 6. 유치원, 초등학교 또는 중등학교 교사 자격증 취득 후 사회복지사업에 3년 이상 종사한 경력이 있는 사람 7. 직업훈련교사, 간호사, 영양사 자격 취득 후 사회복지사업에 3년 이상 종사한 경력이 있는 사람
보육사	1. 「사회복지사업법」에 따른 사회복지사 3급 이상 자격이 있는 사람 2. 「영유아보육법」에 따른 보육교사 자격이 있는 사람 3. 유치원, 초등학교 또는 중등학교 교사 자격이 있는 사람
생활복지사 또는 상담지도원	1. 「사회복지사업법」에 따른 사회복지사 2급 이상 자격이 있는 사람 2. 유치원, 초등학교 또는 중등학교 교사 자격이 있는 사람 3. 「영유아보육법」에 따른 보육교사 1급 자격이 있는 사람
직업훈련 교사	1. 「국민 평생 직업능력 개발법」에 따른 직업능력개발훈련교사 자격이 있는 사람 2. 「학원의 설립·운영 및 과외교습에 관한 법률」에 따른 학원강사 자격이 있는 사람
임상심리 상담원	1. 「고등교육법」 제2조에 따른 학교, 「평생교육법」 제32조 또는 제33조에 따라 교육부장관의 인가를 받아 전문대학 또는 대학졸업자와 동등한 학력·학위가 인정되는 평생교육시설(이하 이 표에서 "대학등"이라 한다)의 심리 관련 학과를 졸업한 사람 2. 「국가기술자격법 시행령」 제12조의2 제1항 및 별표 1에 따른 임상심리사 2급 이상의 자격이 있는 사람
자립지원 전담요원	1. 「국민 평생 직업능력 개발법」에 따른 직업능력개발훈련교사 자격이 있는 사람 2. 「사회복지사업법」에 따른 사회복지사 2급 이상의 자격이 있는 사람 3. 초등학교 또는 중등학교 교사 자격이 있는 사람 4. 대학등 졸업자(법령에 따라 이와 같은 수준의 학력이 있다고 인정되는 사람을 포함한다)로서 아동복지 또는 사회복지 관련 학과를 졸업하고 1년 이상 아동복지 업무에 종사한 경력이 있는 사람

(2) 아동복지 관련 종사자

아동복지시설 종사자 이외에도 아동복지와 관련된 종사자로는 아동복지전담공무원과 아동복지교사 등이 있다.

① 아동복지전담공무원

아동복지전담공무원은 아동에 대한 상담 및 보호조치, 가정환경에 대한 조사, 아동복지시설에 대한 지도 · 감독, 아동범죄 예방을 위한 현장확인 및 지도 · 감독 등 지역 단위에서 아동의 복지증진을 위한 업무를 수행한다.

② 아동복지교사

- 목적

지역사회에서 방치되기 쉬운 취약계층 아동에게 다양한 교육 프로그램을 제공하여 아동의 건전한 성장과 발달을 지원하고, 사회서비스 일자리 사업으로서 지역사회 우수인력을 채용, 교육훈련을 통한 아동복지서비스 인력을 양성한다.

- 사업 내용

시 · 군 · 구 내부 또는 타 기관으로부터 의뢰된 만 13~18세 미만 취약계층 아동의 서비스 제공 기관(청소년 지원기관 등) 연계, 지역사회 돌봄 필요아동 발굴 및 돌봄기관(지역아동센터 등) 연계, 방과후 돌봄서비스 연계체제 구축 · 운영에 요구되는 실무를 지원한다. 그리고 아동의 건전한 성장 · 지원을 위해 지역아동센터에 기초학습, 외국어지도, 독서지도, 예체능지도, 다문화 · 장애아동지도, 기타 등 6개 분야에 아동복지교사를 파견하여 취약계층 아동에게 다음과 같은 다양하고 체계적인 교육프로그램을 제공한다.

〈표 10-9〉 아동복지교사의 활동 분야

교사 분야	활동 내용
기초학습	기초학습교육(학습코칭, 수준별 학습지도)
외국이지도	외국어기초지도 · 그룹외국어지도, 영어 등 활동 프로그램 지도
독서지도	독서지도(읽기, 말하기, 쓰기 등), 그룹독서, 독서 활동프로그램 지도
예체능지도	예체능지도(음악, 미술, 체육 등), 예체능 활동 프로그램 지도
다문화 · 장애아동지도	다문화아동 · 장애아동 지도
기타	시군구청장이 지역 수요 등에 따라 파견이 필요하다고 인정하는 분야(예 : 아동인권, 진로지도, 수학 등)

출처 : 보건복지부(2023e). 아동분야 사업안내.

4. 보호서비스의 절차와 내용

1) 보호서비스의 기본 원칙

아동보호서비스의 기본원칙은 다음과 같다(보건복지부 · 아동권리보장원, 2022).

(1) 아동의 이익을 최우선으로 고려

아동복지법(제2조 제3항)에 따라 아동에 대한 상담, 보호조치 결정 등 아동보호 전 과정에 걸쳐 아동의 이익을 최우선적으로 고려하여야 한다. 또한 아동보호는 '시급성'과 '시의 적절성'이 무엇보다 중요하므로, 긴급한 보호가 필요한 아동이 있는 경우 '선 보호 후 행정 처리' 원칙에 따라 보호한다. 불가피한 사유가 없는 한 즉시 보호하는 것이 원칙이다.

(2) 원가정 보호를 위해 최대한 노력

아동의 경우 대부분 원가정 안에서 성장할 때 아동의 이익이 가장 잘 충족될 수 있으므로 원가정 보전을 위해 최대한 노력해야 한다. 그리고 원가정에서 아동이 보호될 수 있도록 지자체 등은 취약 아동(가구) 등 사각지대 발굴을 위해 노력해야 하며, 발굴된 가구에 대해서는 상담, 복지 급여 및 서비스 연계 · 지원 등을 통해 가족 해체를 예방해야 한다. 아동을 가족의 보호로부터 분리할 때는 가능하다면 일시적이고 최소한의 기간에 한해야 하며, 분리 결정은 주기적으로 다시 검토한다. 그리고 아동에 대한 분리 보호 시에도 해당 아동이 최대한 조속히 원가정에 복귀할 수 있도록 원가정에 대한 지원은 지속적으로 실시한다.

(3) 가정형 보호 우선 원칙

아동을 불가피하게 분리 보호하는 경우, 아동의 개별 특성과 상황을 고려하여 아동의 권리와 자유를 최소한으로만 제한하는 순서로 대안양육 유형을 결정해야 하며, 분리보호 형태를 결정할 때 아동이 가정과 유사한 환경에서 성장할 수 있도록 입양과 가정위탁을 우선적으로 고려하고, 시설형 보호가 필요할 때에는 공동생활가정을 우선적으로 고려해야 한다.

(4) 아동과 보호자의 참여 활성화

아동을 보호조치하는 경우 보호대상아동의 의사를 존중해야 하며, 아동 및 보호자가 상담 · 아동보호 계획 수립 및 보호 등 전 과정에 참여할 수 있도록 지원해야 한다. 아동에 대한 보호조치 후 보호자와 연락이 단절되지 않도록 주의한다.

(5) 예방적 접근

취약 아동(가구)의 경우 빈곤, 질병, 이혼 등 복합적 욕구가 있는 경우가 많으므로 취약아동(가구)에 대한 보호조치 요청이 있는 경우 단순 신청에 의한 급여 제공에 그치지 않고, 사례관리 등을 통해 아동 및 가구에 대한 위험도를 종합적으로 평가하여 필요한 복지급여 및 서비스를 통합적으로 제공해야 한다. 또한 복지 사각지대 취약계층의 단전, 단수, 단가스, 사회보험료 체납 등, 아동학대 정보, 의무교육 미취학 및 장기결석 자료 등 공공 빅데이터를 활용하여 위기 아동을 사전 발굴·예방할 수 있도록 상시적 발굴·예방 체계를 활성화한다.

(6) 수요자의 편의를 최대한 고려

보호자 등의 신청 또는 사각지대 발굴 등을 통해 보호대상아동(가구)을 발견한 경우 담당자가 해당 가구를 직접 방문하거나, 통합 상담을 실시하는 등 보호자가 읍·면·동(또는 시·군·구)에 방문을 최소화하는 방안을 강구한다. 그리고 아동보호를 위해 불가피하게 여러 번 상담 등이 필요한 경우, 보호자 등에게 절차 등을 사전에 설명하여 양해를 구하고, 보호자가 희망하는 시간·장소 등을 최대한 반영한다. 또한 아동을 보호조치 하는 경우, 가족과의 접촉 및 재결합 가능성을 촉진하고 아동의 생활에 대한 훼손의 최소화를 위해서 아동이 살아온 가정에서 최대한 가까운 환경에서 보호한다.

2) 보호아동의 보호절차

아동복지시설 내 보호는 아동을 보호하기에 적합한 아동복지시설에 아동을 입소시켜 보호하는 것이다. 복지급여 연계 등 지원에도 불구하고, 원가정 및 친족에 의한 보호·양육이 어렵거나 위탁가정의 부족 등 가정위탁보호가 불가능한 경우 아동복지시설 입소를 고려한다. 약물 및 알콜중독·정서장애·발달장애 등으로 특수한 치료나 요양 등의 보호를 필요로 하는 아동에 대하여 전문치료기관 또는 요양소에 입원 또는 입소시킨다.

시·도지사 또는 시장·군수·구청장은 그 관할 구역에서 보호대상아동을 발견하거나 보호자의 의뢰를 받은 때에는 아동의 최상의 이익을 위하여 필요한 보호조치를 해야 한다. 이때 아동의 건강한 성장을 위해 '원가정 보호'를 최우선적으로 고려하되, 원가정을 통한 보호가 어렵거나 아동보호를 위해 불가피한 경우 친족에 의한 보호 · 양육, 가정위탁, 아동복지시설 입소, 입양 등에 의한 보호를 다음과 같이 추진한다.

보호절차
① 아동발견 또는 보호자 의뢰 → ② 아동과 보호자 상담 · 지도 → ③ 원가정 복귀 → ④ 가정위탁, 아동복지시설 입소, 전문치료기관 · 요양소 입원 · 입소, 입양 등 아동의 최상의 이익을 위하여 필요한 보호조치 실시

학대, 이혼, 미혼부모 · 혼외자, 비행, 가출, 부랑아, 미아 또는 유기 등 다양한 이유로 인해 보호대상아동이 발생된다. 참고로 '미아 또는 유기로 신고된 아동'의 보호조치 절차를 살펴보자.

보호절차	미아 또는 유기아동의 사례(예시)
발굴 · 접수	**경찰** • 공원 공터에서 울고 있는 여자 영아 목소리를 듣고 인근에 사는 주민이 경찰에 신고 • 경찰은 즉시 출동했으며, 시 · 군 · 구에게 유기아동 발생정보 공유 및 인계
접수상담	**시 · 군 · 구(아동학대 의심 시 아동학대전담공무원 개입** • 아동을 인계받은 시 · 군 · 구는 인근 병원으로 이동하여 건강검진 실시 후 아동의 안전한 보호를 위해 일시보호 의뢰서 작성 및 일시보호시설장에게 아동 일시보호 요청
일시보호	**시 · 군 · 구(아동학대 의심 시 아동학대전담공무원 개입)** • 아동을 일시보호시설에 7일간 보호 의뢰함 (보호조치 전까지 아동은 일시보호 상태 유지) **일시보호시설** • 아동보호시설은 아동을 일시 보호하며 아동 건강, 행동 등 체크함 • 신상카드 작성하여 ○○시 및 아동권리보장원 제출(필요시 유전자검사 의뢰)

보호계획	**시·군·구(아동학대 의심 시 아동학대전담공무원 개입)** • 시·군·구는 아동이 유기된 점을 고려하여 아동에 대한 보호계획을 작성 • 보호계획 수립 전 아동의 건강검진 결과 몸무게 미달, 영양부족상태임을 확인함
자체사례회의	**시·군·구(필요시 타 사례관리 관계자 참여)** • 보호계획을 바탕으로 아동보호팀 자체 사례회의 실시 • 회의결과 아동이 영아인 점을 고려하여 가정위탁보호로 의견도출(아동학대전담공무원은 아동보호전담요원에게 사례이관)
보호조치결정 (사례결정위원회)	**사례결정위원회** • 회의결과를 토대로 사례결정위원회에서 가정위탁보호로 결정함 • 아동보호전담요원은 ○○가정위탁지원센터에 아동에게 맞는 위탁부모 추천 요청(최근 6살 아동을 3년 정도 가정위탁한 뒤 원가정 복귀시킨 위탁부모에게 아동양육을 요청) • 아동보호전담요원은 사례결정위원회에서 확정된 보호계획을 가정위탁지원센터(원가정 외 보호기관)에 공유
서비스 제공 계획 수립 및 사례관리	**가정위탁지원센터** • 가정위탁지원센터는 개별보호·관리계획을 바탕으로 서비스계획 수립하여 시·군·구 보고 • ○○가정위탁지원센터 아동에 영아인 점을 고려하여 ○○시 초기정착지원금, 결연지원금 및 영유아 관련 지원 서비스 연계

출처 : 보건복지부·아동권리보장원(2022). 2022 아동보호서비스 업무매뉴얼.

참고로 아동 보호조치의 유형을 소개하면 다음과 같다.

아동보호서비스 유형 및 보호조치 유형

■ 원가정 보호

- 아동을 원가정에서 보호·양육할 수 있도록 아동과 그 가족에 필요한 서비스 및 자원을 연계·지원(필요시 드림스타트 연계 등 필요한 조치 수행)
- 친족에 의한 보호·양육 : 8촌 이내의 혈족 및 4촌 이내의 인척에 따른 친족에 해당하는 사람의 가정에서 보호·양육할 수 있도록 조치(만 12세 이하의 취약계층아동으로 친족의 가정 내 양육을 위해 지원이 필요한 경우 우선적으로 드림스타트에 연계)

■ 원가정외 보호

- 원가정 보호를 최우선으로 하되, 원가정 분리가 불가피한 경우, 국내 입양(부모가 없는 경우 등) → 가정위탁 → 공동생활가정 → 아동양육시설 등의 순으로 보호조치 실시

구분	보호조치 내용
국내입양	유기 아동 등 원가정 복귀가 어려운 아동에 대해 영구적 가정을 찾아주는 보호조치
가정위탁	아동이 가정과 유사한 환경에서 성장할 수 있도록 보호조치하며, 지속적인 원가정 지원을 통해 가정내 복귀를 목표로 하는 보호조치(만 2세 이하, 36개월 미만 보호대상아동은 가정위탁 우선 배치)
공동생활가정	아동이 가정과 유사한 주거환경의 시설에서 성장할 수 있도록 보호조치
아동양육시설	가정위탁·공동생활가정 등의 보호가 어려울 시 고려하는 보호조치
아동치료시설	아동의 신체적·심리적 요인으로 인해 전문적인 치료가 필요한 경우 치료시설 및 요양원 등의 입원·입소를 결정

3) 보호아동의 입·퇴소 관리

보호아동의 입소대상 및 입·퇴소절차를 2023 아동분야 사업안내에 근거하여 제시하면 다음과 같다(보건복지부, 2023e).

(1) 입소대상

〈표 10-10〉은 아동복지시설별 입소대상이다.

〈표 10-10〉 입소대상

구 분	지원내용
아동양육시설 및 아동일시보호시설	• 보호자가 없거나 보호자로부터 이탈된 아동 • 보호자로부터 학대받은 아동 • 보호자의 학대로 아동보호전문기관에 신고되어 해당 기관이 시·도지사 또는 시·군·구청장에게 보호조치를 의뢰한 아동 • 보호자의 질병, 가출 등으로 가정 내에서 보호하기 어려운 아동 • 시·도지사 또는 시장·군수·구청장이 특별히 보호가 필요하다고 인정하는 아동
아동보호치료시설	• 불량행위를 하거나 불량행위를 할 우려가 있는 아동으로서 보호자가 없거나 친권자나 후견인이 입소를 신청한 아동 • 가정법원, 지방법원소년부지원에서 보호위탁된 19세 미만인 사람을 입소 • 정서적·행동적 장애로 인하여 어려움을 겪고 있는 아동 또는 학대로 인하여 부모로부터 일시 격리되어 치료받을 필요가 있는 아동
자립지원시설	• 보호종료 아동 중 취업 중인 사람(우선) • 보호종료 아동 중 취업 준비 중인 24세 이하인 사람 • 보호종료 아동 중 24세 이하의 기초생활보장수급자

출처 : 보건복지부(2023e). 아동분야사업안내.

(2) 입소절차

「실종아동 등의 보호 및 지원에 관한 법률」 제6조에 따라 사회복지시설을 포함한 보호 시설의 장 또는 그 종사자, 사회복지전담공무원, 업무·고용 등의 관계로 사실상 아동을 보호·감독하는 사람 등은 그 직무를 수행하면서 실종아동 등임을 알게 되었을 때에는 경찰에 지체 없이 신고 등 조치한다. 그리고 시·도지사 또는 시장·군수·구청장은 보호조치가 적합하지 아니한 보호대상아동을 먼저 아동일시보호시설 또는 일시위탁을 통해 보호하고, 보호대상아동에 대한 상담, 건강 검진, 심리 검사 및 가정 환경에 대한 조사한다. 그 후 입소 대상 아동의 신상 카드를 작성하고, 복지대상자 시설입소(이용) 신청서를 제출받아 아동복지시설의 장에게 입소를 의뢰한다. 시설장은 보호자로부터 버려진 아동 등 긴급히 보호할 필요가 있는 아동을 발견하면 즉시 관할 시·도 및 시·군·구에 보고한다.

한편 장애인 등록 아동은 장애인 부서로 의뢰하여 장애인복지전달체계에서 보호한다. 단, 불가피한 경우 장애인복지전달체계에서 보호되기 전까지는 임시 보호한다.

4) 시설보호서비스의 내용

(1) 경제적 지원

기초생활보장 생계비 등 지원, 아동발달지원계좌 지원, 후원자 연계 및 후원금 관리, 대학 진학 자금 등 지원, 보호종료 예정 아동 자립정착금 지원 등이 있다. 그리고 시설 밖 거주 보호연장아동 개별급여(일반생계급여)를 지급한다.

(2) 아동의 건강한 심신 보존 및 치료

전국 아동복지시설 아동 중, 심리 치료 개입이 필요한 아동을 대상으로 아동복지시설의 아동치료재활지원사업을 실시한다. 이 사업은 심리 · 정서 · 인지 · 행동상의 어려움이 있는 시설아동의 문제행동 개선 등을 통해 아동의 건강한 성장 도모하는 것을 목적으로 한다. 그리고 아동을 보호하는 시설장 및 종사자는 아동의 건강 유지와 향상을 위하여 주의하고 노력해야 하고, 지방자치단체도 아동의 신체적 · 정신적 문제를 미리 발견할 수 있도록 적기에 예방접종, 건강검진, 심리 치료 등을 받을 수 있도록 지원 · 관리한다.

〈표 10-11〉 아동치료심리재활 지원

구 분	지원내용
아동맞춤형서비스	• 맞춤형 아동 상담 · 치료 서비스 (언어, 미술, 놀이치료 등) 지원 • 종합심리검사 지원 • 주양육자 상담 지원
아동 원가정 역량강화	• 아동 – 원가족 면접교섭 및 원가정 지원 프로그램

(3) 자립지원

① 자립지원프로그램

자립지원의 목적은 보호대상아동의 자립준비 역량강화 및 보호종료 후 안정적인 사회진출과 자립실현이다. 이를 위해 국가와 지방자치단체는 보호대상아동의 위탁보호 종료 또는 아동복지시설 퇴소 이후의 자립을 지원하기 위해 시 · 도 자립지원전담기관과 자립지원프로그램을 운영한다. 자립지원 대상은 대리양육 또는 가정위탁보호 중인 사람, 아동복지시설에서 보호 중인 사람, 아동복지시설에서 퇴소 또는 가정위탁 보호종료 후 5년이 지나지 아니한 사람이다. 자립지원 표준화 프로그램은 자립에 필수적인 8개 프로그램 영역별로 아동의 연령 · 수준에 적합한 자립 교육을 제공하여 보호종료 후 안정적인 자립생활을 할 수 있도록 지원하는 프로그램이다. 8개 영역은 다음과 같다.

8개 영역

일상생활기술	일상생활에 필요한 요리, 집 관리, 의복 관리 등 기술 습득
지역사회 자원활용기술	지역 내 활용 가능한 서비스, 공공기관, 여가생활, 문화시설 활용 기술 습득
자기관리기술	개인위생관리, 건강관리, 응급처치 방법, 성교육, 사기 예방 교육을 통한 자기관리 기술 습득
사회적 기술	감정 다루기, 의사소통 기술, 대인관계 기술 습득, 봉사활동을 통한 사회 구성원으로 역할습득
자산관리기술	교육을 통한 올바른 경제 관념 형성, 효율적인 용돈 관리, 자립 후 살림살이 등 기술 습득
진로탐색기술	직업에 대한 이해, 진로 적성검사, 진학 및 직업탐색, 취 · 창업 계획 세우기, 이력서 작성 등 기술 습득
직업(장)생활기술	직장인 되는 법, 즐겁게 일하기 등 직장생활기술 습득
사회진출기술	새로운 시작을 향한 출발, 집 구하기, 계약, 이사 등 거주지 마련 방법 습득

8개 영역에 기초한 자립지원 표준화 프로그램(Ready? Action!)의 예시이다.

자립지원 표준화 프로그램(Ready? Action!)

- Ready? Action! : 미취학~보호종료전까지 아동의 단계 · 학년 · 수준별로 적정한 교육을 실행하여 보호종료 후 안정적인 자립생활을 할 수 있도록 지원하는 프로그램
  - Ready?
    시설, 가정위탁지원센터에서 미취학~보호종료 전까지, 보호종료 후 대비 자립준비를 제공하는 프로그램으로, 연령에 따라 기본 4단계(미취학~초등2년, 초등3~6년, 중학생, 고1~보호종료 전)로 구분하여 연령 · 수준별로 적정 프로그램을 운영
  - Action!
    보호종료 후 자립지원전담기관 등에서 제공하는 각종 자립교육 프로그램으로, 보호종료 후 자립생활 정착까지 사례관리 · 필요 서비스 지원 프로그램

- Ready? 프로그램 구성

단계 구분	Level 1	Level 2	Level 3	Level 4
대상자	미취학~초2	초 3~6	중 1~3	고1~보호종료 전
해당영역	1. 일상생활기술 2. 자기보호 기술 3. 지역사회 자원 활용 기술 5. 사회적 기술	1. 일상생활기술 2. 자기보호 기술 4. 돈관리 기술 5. 사회적 기술	1. 일상생활기술 2. 자기보호 기술 3. 지역사회 자원 활용 기술 4. 돈관리 기술 5. 사회적 기술	1. 일상생활기술 2. 자기보호 기술 3. 지역사회 자원 활용 기술 4. 돈관리 기술 5. 사회적 기술 6. 진로탐색 및 취업 기술 7. 직장생활 기술 8. 다시 집 떠나기
중점 프로그램	기초학습 · 독서지도, 가족유대강화 집단프로그램	심리 · 정서지지체계, 학습지도, 경제교육	진로적성검사, 자립예비사정 및 계획, 체크리스트	자립사정, 취업 및 진학 상담, 체크리스트

출처 : 보건복지부 · 아동권리보장원(2023b). 자립지원 업무 매뉴얼.

이외에도 자립준비청년(보호종료아동) 자립정착금 지원 및 자립준비청년 심리상담 지원을 위해 청년 마음건강바우처 사업 연계를 통해 자립준비청년 대상 전문 심리상담서비스를 지원한다. 또한 만 19~34세 이하의 청년자립준비청년과 보호연장아동 및 정신건강복지센터에

서 연계 의뢰한 사람을 대상으로 전문적인 심리상담 서비스 지원인 청년마음건강지원사업을 지원한다.

② 청소년쉼터

가정 밖 청소년 조기발견을 통한 범죄 및 비행로부터 보호, 생활보호(의 · 식 · 주), 정서적지지 및 심리상담, 의료지원, 학업복귀, 취업지원 등 맞춤형 자립지원서비스 제공을 통해 신속한 가정복귀와 사회진출을 지원한다. 청소년쉼터는 보호기간에 따라 일시청소년쉼터, 단기쉼터, 중장기쉼터 등의 유형이 있다.

5. 시설보호서비스의 개선방안

1) 원가정 복귀 프로그램서비스의 내실화

아동의 경우 대부분 원가정 안에서 성장할 때 아동의 이익이 가장 잘 충족될 수 있으므로 원가정 보전을 위해 최대한 노력해야 한다. 복잡하고 다양한 사회구조 속에 가족기능의 약화가 가속화되는 가운데 결손가정 및 해체가정의 증가로 인한 시설 요보호아동의 증가는 시설아동의 심리적 안정과 관련하여 원가족과의 경험에 대한 연구가 필요함을 나타낸다(유호석, 2018). 아동을 가족의 보호로부터 분리할 때는 가능하다면 일시적이고 최소한의 기간에 한해야 하며, 분리 결정은 주기적으로 다시 검토해야 한다. 원가정에서 아동이 보호될 수 있도록 지자체 등은 취약 아동(가구) 등 사각지대 발굴을 위해 노력해야 하며, 최대한 원가정에서 보호될 수 있도록 필요한 조치를 취해야 한다.

2) 전문화된 시설보호 서비스의 구축

시설보호를 필요로 하는 아동의 개별특성에 따라 개별로 전문화된 보호·양육을 제공하는 시설보호서비스가 구축되어야 한다. 가정위탁 등의 가정형 보호와 시설의 소규모화에 따라 공동생활가정이 확대되고 있는 것은 바람직하지만, 인권교육 및 종사자 역량강화교육을 통해 아동의 권익이 침해되지 않도록 노력해야 한다. 좋은 어른이 있으면 아이들은 잘 자랄 수 있고, 좋은 프로그램이 있으면 아이들의 빈 자리를 채워줄 수 있기 때문이다.

생각 더하기 "시설 보호아동 70%는 심리 문제…'심리적 자립' 지원 필수"

최근 자립준비청년이 스스로 목숨을 끊는 일이 잇따라 발생한 가운데 이들에게 경제적 자립 지원 이외에 심리적 자립 지원이 필요하다는 지적이 나왔다. 자립준비청년(옛 보호종료아동)은 만 18세가 된 후 보호시설의 보호 종료 5년 이내의 청년을 말한다.

4일 한국보건사회연구소(보사연)의 보건복지포럼 최신호(8월호)를 보면, 이상정 보사연 아동정책연구센터장은 '보호종료 자립준비청년의 연속적 지원을 위한 자립지원전담기관의 역할'이라는 글에서 국내 연구 결과를 인용해 아동복지시설 보호아동의 70% 정도가 심리정서행동 문제를 갖고 있다고 밝혔다.

이 센터장은 아동복지시설 보호 아동은 입소 전이나 입소 과정에서 원가족과의 이별 같은 부정적인 경험을 하는데 이로 인해 우울증, 학습장애 등을 겪는 경우가 많다고 했다. 이어 보호아동일 때 이런 문제를 겪다가 보호 종료 후 자립 과정을 거치면 걱정과 불안, 외로움과 고립감이 더욱 가중될 수 있다고 설명했다. 실제 2020년에 진행한 한 연구에 따르면 만 17세 이상 보호아동의 44.9%가 자살을 생각해 본 적이 있는 것으로 나타났다.

현재 정부는 자립준비청년에 5년 동안 자립수당을 지급한다. 자립수당은 그간 월 30만원이었다가 올 8월부터 35만 원으로 올랐고, 내년엔 40만 원으로 인상된다. 지자체별로 보호시설 퇴소 때 500만~800만 원의 자립정착금을 지원한다. 그 외 주거·의료 공공서비스가 일부 제공된다.

이 센터장은 "성인기 자립의 구성요소는 경제적 능력, 물리적으로 독립된 공간 등 다양하지만, 보호종료 당사자나 현장 실무자, 연구자들이 공통으로 제시하는 중요 요소는 심리정서적 자립"이라고 밝혔다. 그는 공급자 중심의 파편적인 서비스 제공을 문제로 짚은 후 서비스를 표준화·체계화해야 한다고 제안했다. 보호아동이 시·군·구의 아동보호전담요원에게 처음 연계되면 종합심리검사를 실시해 정서·인지·행동·지능 문제와 원인을 파악하고 심리치료를 포함한 지원 계획을 수립하는 식으로 체계를 갖춰야 한다는 것이다.

출처 : 경향신문(2022. 9. 4). https://www.khan.co.kr/national/health-welfare/article/202209041410001

11
CHAPTER

다양한 가족의 아동보호서비스

1. 다문화가족
2. 한부모가족
3. 조손가족

11
CHAPTER

다양한 가족의 아동보호서비스

우리나라의 가족구성은 부모와 자녀로 구성된 핵가족에서 다문화가족, 한부모가족, 조손가족 등 다양한 가족 유형이 등장하였다. 아동이 건강하게 잘 자라고 성장하기 위해서는 다양한 가족이 증가하는 현실에서 취약한 가족에 대한 지원뿐만 아니라 가족 다양성에 대한 인식 개선과 존중이 반드시 필요하다. 이를 위해 이 장에서는 다문화가족, 한부모가족, 조손가족 등 다양한 가족유형과 이들을 위한 복지서비스를 알아봄으로써 개선방향을 제시하고자 한다.

1. 다문화가족

1) 다문화가족의 개념

「다문화가족지원법」(제2조 제1호)에 따르면, 다문화가족은 결혼이민자, 귀화자와 대한민국 국적 취득자로 이루어진 가족을 말한다.

2) 다문화가족의 실태와 어려움

(1) 다문화가족의 실태

통계청 보도자료 '2022년 다문화 인구동태 통계' 결과, 다문화 혼인(17,428건)은 전년대비 25.1%(3,502건) 증가하였고, 전체 혼인 중 다문화 혼인의 비중은 9.1%, 전년대비 1.9% 증가하였다. 다문화 혼인의 유형은 외국인 아내(66.8%), 외국인 남편(20.0%), 귀화자(13.2%) 순이다.

〈표 11-1〉 다문화 혼인 추이(2020~2022년)

구분	2020	2021	2022	2021년대비	
				증감	증감률
다문화	16,177 (100.0%)	13,926 (100.0%)	17,428 (100.0%)	3,502	25.1%
외국인 아내	10,737 (66.4%)	8,645 (62.1%)	11,649 (66.8%)	3,004	34.7%
외국인 남편	3,024 (18.7%)	3,059 (22.0%)	3,479 (20.0%)	420	13.7%
귀화자	2,416 (14.9%)	2,222 (16.0%)	2,300 (13.2%)	78	3.5%

출처 : 통계청 보도자료(2022a). 2022 다문화 인구동태 통계.

한편 전체 출생에서 다문화 출생이 차지하는 비중은 5.0%로, 전년보다 0.5% 감소하였고, 다문화출생은 12,526명으로, 전년대비(14,322명) 12.5%(1,796명) 감소하였다. 2022년 전체 출생이 24만 9천 명으로 전년보다 4.4% 감소한 데 비해, 다문화 부모의 출생아는 12.5% 감소하여 상대적으로 감소 폭이 컸다.

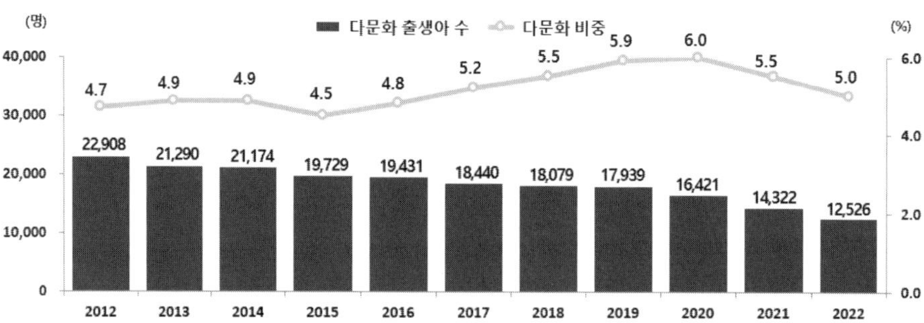

❙그림 11-1❙ 다문화 출생아 수 및 전체 출생 중 다문화 비중 추이(2012~2022년)

출처 : 통계청 보도자료(2022a). 2022 다문화 인구동태 통계.

다문화유형별 출생 현황은 외국인 모(61.0%), 외국인 부(20.0%), 귀화자(19.0%) 순으로 나타났다.

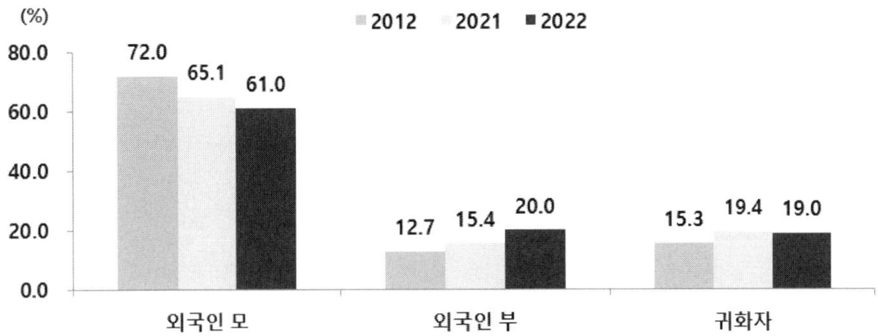

❙그림 11-2❙ 다문화 출생 유형별 비중(2012, 2021, 2022년)

출처 : 통계청 보도자료(2022a). 2022 다문화 인구동태 통계.

다문화가족 자녀의 연령별 현황은 다음과 같다.

〈표 11-2〉 다문화가족 자녀 연령별 현황

연 도	연령별 현황				
	만 6세 이하	만 7~12세	만 13~15세	만 16~18세	계
2017	115,085	81,826	15,753	9,791	222,455
2018	114,125	92,368	19,164	11,849	237,506
2019	117,045	104,064	26,524	16,993	264,626
2020	11,579	107,286	34,445	18,680	275,990
2021	114,555	108,953	43,433	22,588	289,529

출처 : 행정안전부(2022). 외국인주민현황조사.

다문화가족 자녀의 연령은 만 6세 이하가 가장 높은 인원을 보이고 있는데 이러한 결과는 자녀양육의 어려움으로 이어진다.

(2) 다문화가족의 어려움

① 자녀양육의 어려움

다문화아동의 취학현황을 보면 초등학교에 다니는 다문화아동의 수가 타 학교급별에 비해 가장 높은 수치를 보인다. 다문화가족 아동은 초 · 중 · 고에 재학 중인 경우가 2023년 기준 181,178명이며, 이들 중 많은 비율이 초등학교에 재학 중인 것으로 나타났다.

〈표 11-3〉 유형별 · 학교급별 다문화학생 현황

유 형		초등학교	중학교	고등학교	각종학교	소계
소 계		115,639	43,698	21,190	651	181,178
국제결혼	국내출생	82,491	32,210	15,063	146	129,910
	중도입국	5,617	3,108	1,928	243	10,896
외국인가정		27,531	8,380	4,199	262	40,372

출처 : 교육부 · 한국교육개발원(2023). 2023년 간추린 교육통계.

2021 전국 다문화가족 실태조사(2022)에 의하면, 자녀 양육이 어렵다고 응답한 비율은 88.1%로 나타났다. 5세 이하는 한국어지도가 26.8%였고, 만 6세 이상은 학습지도(50.4%)가 가장 큰 어려움을 겪는 것으로 나타났다.

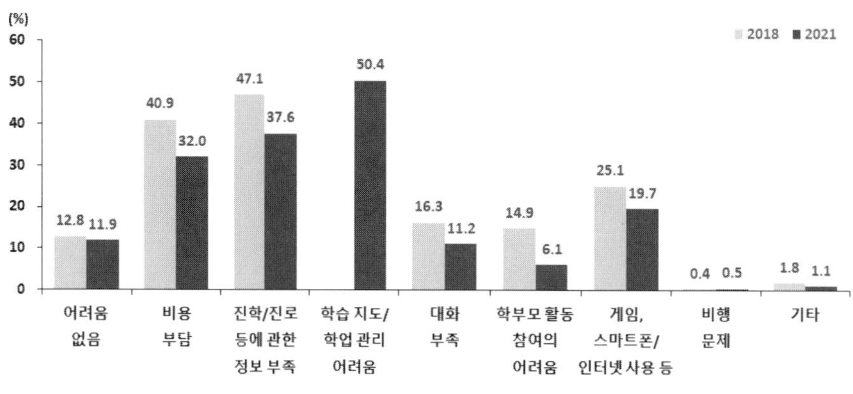

┃그림 11-3┃ 자녀양육의 어려움

출처 : 여성가족부 보도자료(2022).

② 경제적 · 사회적 관계의 어려움

다문화가족의 고용률은 2019년 기준으로 60.8%로, 전체 국민 62.4%에 비해 1.6% 낮다.고용직종 역시 단순노무 종사자가 32.4%로, 전체 근로자 14.4%에 비해 18.0%p 높았다. 한국생활의 어려움 역시 경제적 어려움(21.0%)을 언어문제(22.9%)에 이어 두 번째로 토로하고 있다(여성가족부, 2022). 집안사정 · 자녀교육 등 개인적 문제에 대하여 도움을 받거나 의논할 상대가 없다는 어려움도 가지고 있다(여성가족부 보도자료, 2022).

3) 다문화가족을 위한 지원서비스

먼저 다문화가족지원법에 나타난 아동복지지원서비스의 방향을 알아보면 다음과 같다.

제10조(아동 · 청소년 보육 · 교육)

① 국가와 지방자치단체는 아동 · 청소년 보육 · 교육을 실시함에 있어서 다문화가족 구성원인 아동 · 청소년을 차별하여서는 아니 된다.
② 국가와 지방자치단체는 다문화가족 구성원인 아동 · 청소년이 학교생활에 신속히 적응할 수 있도록 교육지원대책을 마련하여야 하고, 특별시 · 광역시 · 특별자치시 · 도 · 특별자치도의 교육감은 다문화가족 구성원인 아동 · 청소년에 대하여 학과 외 또는 방과 후 교육 프로그램 등을 지원할 수 있다.
③ 국가와 지방자치단체는 다문화가족 구성원인 18세 미만인 사람의 초등학교 취학 전 보육 및 교육 지원을 위하여 노력하고, 그 구성원의 언어발달을 위하여 한국어 및 결혼이민자등인 부 또는 모의 모국어 교육을 위한 교재지원 및 학습지원 등 언어능력 제고를 위하여 필요한 지원을 할 수 있다.
④ 어린이집의 원장, 유치원의 장, 각급 학교의 장, 그 밖에 대통령령으로 정하는 기관의 장은 아동 · 청소년 보육 · 교육을 실시함에 있어 다문화가족 구성원인 아동 · 청소년이 차별을 받지 아니하도록 필요한 조치를 하여야 한다.

국제결혼건수가 증가함에 따라 결혼이민자가족의 안정적인 정착과 가족관계 증진 지원을 위한 통합적인 가족 지원 체계 구축과 강화의 필요성이 증대되고 있다. 이에 따라 다문화가가족에 대한 지원체계는 국가나 지방자치단체를 중심으로 운영되고 있으며 한국가정진흥원, 시도의 거점센터, 전국 다문화가족지원센터 등에 의해 지원서비스가 이루어지고 있다.

우리나라의 다문화가족지원사업 추진체계는 구체적으로 살펴보면 다음과 같다(여성가족부, 2022a).

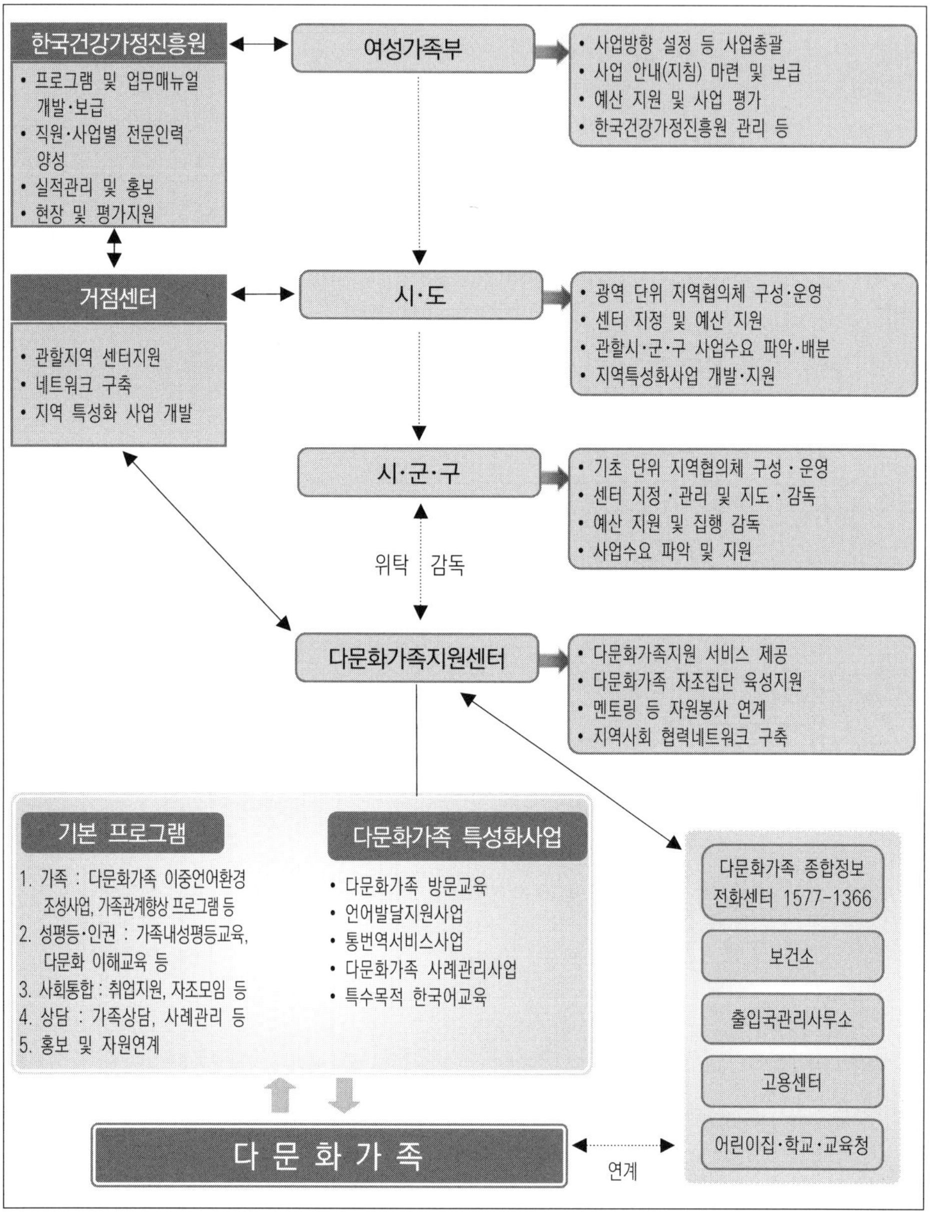

| 그림 11-4 | 다문화가족지원체계

2. 한부모가족

1) 한부모가족의 개념

한부모가족은 한부모와 자녀로만 구성된 가족으로, 「한부모가족지원법」에 의한 한부모가족은 다음의 이유로 인해, 18세 미만(취학 중일 경우 22세 미만)의 자녀를 혼자 양육하는 모자가족(모가 세대주) 또는 부자가족(부가 세대주)을 말한다.

- 배우자와 사별 또는 이혼하거나 배우자로부터 유기(遺棄)된 자
- 정신이나 신체의 장애로 장기간 노동능력을 상실한 배우자를 가진 자
- 교정시설 · 치료감호시설에 입소한 배우자 또는 병역복무 중인 배우자를 가진 자
- 미혼자(사실혼 관계에 있는 자는 제외)

"청소년 한부모"란 24세 이하의 모 또는 부를 말하며, 다음에 어느 하나에 해당하는 아동과 그 아동을 양육하는 조부 또는 조모는 이 법에 따른 지원대상자가 된다.

- 부모가 사망하거나 생사가 분명하지 아니한 아동
- 부모가 정신 또는 신체의 장애 · 질병으로 장기간 노동능력을 상실하여 부양을 받을 수 없는 아동
- 부모의 장기복역 등으로 부양을 받을 수 없는 아동
- 부모가 이혼하거나 유기하여 부양을 받을 수 없는 아동
- 부모가 가정의 불화 등으로 가출하여 부양을 받을 수 없는 아동
- 그 밖에 부모가 실직 등으로 장기간 경제적 능력을 상실하여 부양을 받을 수 없는 아동
- 국내에 체류하고 있는 외국인 중 대한민국 국적의 아동을 양육하고 있는 모 또는 부로서 대통령령으로 정하는 사람이 제5조에 해당하면 이 법에 따른 지원대상에 포함된다.

2) 한부모가족 현황

우리나라의 한부모가족 현황을 살펴보면, 2022년 한부모가구는 총 1,494,000가구(6.5%)로 전년에 비해 감소한 것으로 나타났다. 한부모가족 비율 역시 2019년 7.3%, 2020년 7.15%, 2022년 6.5%로 점차 감소하는 추세이다. 이혼이나 미혼가구 증가 추세에 따라 가족정책의 방향도 이들에 대한 지원정책에 초점을 맞출 필요성을 보여주는 결과이다.

〈표 11-4〉 한부모가구 비율 (단위 : 1000가구, %)

구 분		2018	2019	2020	2021	2022
한부모 가구 현황	총가구	20,500	20,891	21,485	22,023	22,383
	한부모가구	1,539	1,529	1,533	1,510	1,494
	한부모가구 비율	7.5%	7.3%	7.15	6.9%	6.5%

출처 : e-나라지표(통계청, 인구총조사, 장래가구추계).

저소득 한부모가족은 한부모가족지원법상 한부모가족과 국민기초생활보장법상 한부모가족 중 한부모가족을 말한다. 저소득층 한부모가족 현황은 다음과 같다(여성가족부, 2023a),

〈표 11-5〉 저소득 한부모가족 비율

연도별	모자가족		부자가족		조손가족		계	
	세대	세대원	세대	세대원	세대	세대원	세대	세대원
2018	144,156 (78.5%)	357,539 (78.5%)	38,629 (20.8%)	95,744 (20.8%)	918 (0.5%)	2,150 (0.5%)	182,703	455,433
2019	143,740 (78.7%)	356,895 (78.8%)	37,969 (20.8%)	94,064 (20.8%)	897 (0.5%)	2,086 (0.5%)	182,606	453,045
2020	145,482 (79.1%)	361,998 (79.2%)	37,660 (20.5%)	93,234 (20.4%)	864 (0.5%)	2,004 (0.4)	184,006	457,236
2021	14,973 (79.2%)	367,366 (79.3%)	37,432 (20.2%)	93,260 (20.1%)	1,056 (0.6%)	2,458 (0.5%)	185,461	463,084

출처 : e-나라지표(통계청, 인구총조사, 장래가구추계).

한편 한부모가족복지시설은 2022년 기준 미혼 모자가족복지시설(63개소), 모자가족복지시설(46개소), 부자가족복지시설(3개소), 일시지원복지시설(9개소) 총 121개가 있다.

3) 한부모가족 지원서비스

부모가족의 생활안정 및 자립기반 조성과 복지증진에 기여하기 위해, 저소득 한부모가족 · 미혼가족 · 조손가족 등이 가족기능을 유지하고, 건강하고 문화적인 생활을 영위할 수 있도록 내실 있는 지원사업은 필요하고 확대할 필요가 있다.

(1) 경제적 지원

저소득 한부모가족은 양육비, 추가양육비, 아동교육지원비, 생계비를 받는다. 청소년 한부모는 청소년 한부모 아동양육비, 청소년 한부모 검정고시 등 학습지원, 청소년 한부모 자립촉진수당 등의 복지급여와 자립지원 등의 도움을 받을 수 있다. 또한 한부모가족은 생활안정과 자립을 위해 사업에 필요한 자금, 아동교육비, 의료비, 주택자금을 대여할 수 있다.

(2) 상담 및 정서지원

한부모가족은 가족기능 회복과 정서적 자립 강화를 위한 가족지원서비스를 이용할 수 있다. 아동의 양육 및 교육 서비스 및 장애인 · 노인 · 만성질환자 등의 부양 서비스, 취사 · 청소 · 세탁 등 가사 서비스, 교육 · 상담 등 가족관계 증진 서비스, 한부모가족에 대한 상담 · 심리치료가 해당된다. 그리고 한부모가족 역량강화(취약위 가족 지원)이 있다.

가족역량강화 지원이란 기준 중위소득 100% 이하의 가족기능이 약화된 가족이 가진 복합적 문제 해결 및 욕구 해소를 위해 지속적인 사례관리를 통한 가족기능 회복과 정서 · 경제적 자립역량 강화를 도모하기 위한 가족

역량강화 지원을 제공받는다. 여기에는 심리 · 경제적 자립과 역량강화를 위한 지속적인 사례관리, 정보제공 및 지역사회 자원 활용 · 연계, 부모교육 · 가족관계 · 자녀양육교육 등 프로그램 및 자조모임, 자녀 학습 · 정서지원(배움지도사 파견), 청소년부모 지원(청소년부모 멘토, 법률지원, 전문심리지원), 생활도움서비스(키움보듬이 파견), 긴급위기지원(지지리더, 키움보듬이 파견) 등이 해당된다.

(3) 청소년한부모에 대한 지원체계

청소년한부모가 자녀 양육과 학업 · 취업을 병행할 수 있도록 돕고, 안정된 자립기반을 형성할 수 있는 지원체계가 강화되어야 한다. 청소년한부모는 학업과 자녀 양육 및 돌봄, 경제활동 등을 홀로 감당해야 하는 탓에 많은 어려움이 뒤따른다. 청소년한부모의 교육기회의 확대를 위해 원격교육 확대, 제도권 교육으로의 유턴, 대안교육 기회 마련 등 교육권이 보장되어야 한다.

3. 조손가족

1) 조손가족의 개념과 지원대상

조손가족은 65세 이상 조부모와 만 18세 이하의 손자녀로 이루어진 가족을 말하며 이혼, 유기, 행방불명, 실종, 사망, 경제적 사유 등으로 인해 부모로부터 사실상 부양을 받지 못하는 아동을 조부, 조모가 양육하는 가정을 말한다(여성가족부, 2023a). 조손가정은 현재 한국 사회가 당면한 고령화와 가정해체, 이 두 가지 문제가 작용해 생겨난 가족 형태이다. 노인들이 많아지고, 해체되는 가정이 증가하면서 그 수도 점점 늘고 있다. 다양한 사회변화로 그 규모가 계속 증가하고 있는 조손가정은 특히 다른 취약계층에 비해 빈곤율이 높아 사회적 문제로 대두되고 있다.

최근 발표된 통계청 장래가구 추계(2022)에 의하면, 국내 조손가정의 수는 2015년 기준 15만 3천 가구에 이르며, 고령인구 추세 등을 감안하면 2030년에는 27만 가구, 2035년에는 32만 1천 가구에 이를 것으로 전망된다(통계청, 2022b). 이는 확인된 가구 수만을 집계한 것이다. 실제는 그 규모가 통계치를 웃돌 것으로 판단된다. 조손가족의 지원대상 아동은 18세 미만의 자, 고등학교 또는 대학 등에 재학 중인 경우에는 22세 미만을 말하되, 「병역법」에 따른 병역의무를 이행하고 취학 중인 경우에는 병역의무를 이행한 기간을 가산한 연령 미만의 자를 말한다.

2) 조손가족의 현황과 어려움

(1) 조손가족의 현황

2018년 기준 조부모와 미혼 손자녀로 구성된 총 가구 수는 11만 3,297가구이며, 총 가구원 수는 29만 8,038명으로 보고되고 있다. 이 중 조부모와 18세 미만 손자녀로 구성된 총 가구 수는 52,951가구이며, 총 가구원 수는 151,588명인 것으로 나타났다. 특히, 조부·조모와 함께 거주하는 18세 미만 손자녀 가구 수는 28,997가구이며, 조부 또는 조모와 거주하는 가구 수는 23,954가구인 것으로 나타나 조부모와 함께 거주하는 경우가 조부 또는 조모와 함께 거주하는 경우보다 약간 많은 것으로 나타났다(허민숙, 2020).

〈표 11-6〉 조손가구 구성 현황

구 분	계		조부모+미성년손자녀		조부 또는 조모+ 미성년손자녀	
	가구	가구원	가구	가구원	가구	가구원
2015	52,131	148,907	27,777	91,570	24,354	57,337
2016	51,155	146,317	27,662	91,104	23,493	55,213
2017	53,297	152,480	29,080	95,803	24,217	56,677
2018	52,951	151,588	28,997	95,739	23,954	55,849

※ 주 : 인구총조사 2018년 11월 1일 기준
출처 : 통계청, 국회입법조사처 제출자료(2020. 2. 21).

한편 조손가족 중 손자녀의 연령을 살펴보면, 5~9세가 18,076명으로 가장 많고, 10~14세가 15,715명, 0~4세가 14,216명, 15~17세가 11,176명의 순인 것으로 나타났다(허민숙, 2020).

〈표 11-7〉 조손가족 연령별 손자녀 현황

구 분	전체	0~4세	5~9세	10~14세	15~17세
2015	64,995	16,225	14,723	19,021	14,996
2016	60,297	14,672	15,392	16,748	13,485
2017	60,700	14,543	17,258	16,189	12,710
2018	59,183	14,216	18,076	15,715	11,176

※ 주 : 인구총조사 2018년 11월 1일 기준

출처 : 통계청, 국회입법조사처 제출자료(2020. 2. 21).

손자녀 양육사유(중복응답)는 부모의 별거 · 이혼이 64.5%로 가장 높았으며, 부모의 가출 또는 장기간 생사불명이 20.3%, 부모의 사망이 18.1%, 부모의 실직 등 경제적 어려움이 15.5%로 나타났다. 손자녀 부모의 장기간 생사불명과 사망의 경우에 해당하는 약 38%는 손자녀 양육이 장기적으로 수행될 수 밖에 없는 여건이다(세이브더칠드런 · 강남대학교, 2020).

(2) 조손가족의 어려움

계속해서 증가하는 조손가족에 관심을 가져야 하는 이유는 조손가정이 다른 '취약계층'에 비해 특히 많은 위험에 노출되어 있기 때문이다. 현재 조손가족은 경제적 곤란 및 손자녀 양육 등의 어려움으로 인해 가장 높은 취약성을 가진 가족유형으로 고려되고 있다(이명용 · 김승희, 2014). 한국사회보장정보원(2022)의 복지사각지대 지원대상자 복지욕구분석 연구결과에 따르면, 조손가구는 기초생활해결(경제), 기초학습 습득 및 (향상)교육 영역에서 높은 복지욕구를 가진 것으로 나타났다. 누군가로부터 보살핌을 받고 생계를 지원받아야 할 조부모가 손자녀를 양육하면서 겪는 어려움은 상상 이상으로 크다. 조손가족은 주 양육자인 조부모의 경제활동 위축 및 근로능력 상실, 건강악화, 양육 · 교육 관련 정보 습득의 어려움, 세대차에 따른 손자녀와의 갈등 발생 등 다양한 우려가 있는 것으로 알려져 있다.

또한 조손가족 실태조사에서도 역시 실제 조손가족 가구당 평균소득은 2,175만 원으로 전체 가구 평균소득인 4,883만 원의 45%에 불과하며, 취약계층으로 알려진 다문화가구(4,328만 원), 장애인가구(3,513만 원)보다도 낮은 수준인 것으로 보고되고 있다(세이브더칠드런 · 강남대학교, 2020). 그리고 손자녀의 양육 시 가장 어려움을 겪는 문제는 교육비 부족, 손자녀 학습지도, 조부모 체력의 한계인 것으로 분석되었다. 이러한 부담감은 조부모의 정신적, 신체적 건강에 영향을 끼치게 되고, 직 · 간접적으로 손자녀에게 이어진다. 손자녀가 신체적, 정서적 발달을 제대로 이루지 못하거나 학습기회에 제한이 생기는 등 또래 친구들보다 뒤처지는 환경에 놓일 수도 있다. 2018 아동종합실태조사에 의하면, 양부모 아동의 인지발달 수준은 4점 만점에 2.24점, 한부모가구 및 조손가구의 인지발달 수준은 1.96점, 언어발달 수준 역시 양부모 아동의 인지발달 수준은 4점 만점에 2.26점, 한부모 및 조손가구의 언어발달수준은 2.00점으로 나타나서 아동발달과 교육 영역에서 취약한 것으로 드러났다(보건복지부 · 한국보건사회연구원, 2019).

3) 조손가족 지원서비스 및 방향

(1) 경제적 지원

정부는 조손가정의 어려움에 대해 국민기초생활보장제도 및 긴급지원제도 등을 통한 생계 및 경제적 지원을 하고 있다. 저소득층 조손가족의 일부는 국민기초생활보장제도를 통해 아동에게 제공되는 생계비를 수급하고 있으나 일반 저소득층 대상의 획일화된 경제적 지원에 그치고 있어 조손가족이 갖는 특수성을 반영하기에 한계가 있다. 최근에는 '행복e음 복지사각지대 발굴시스템'의 중점발굴대상에 조손가정을 포함하고, 아동보호전문기관 및 노인복지관 지원대상자의 정보를 기초지자체에서 제공받는 등 생활이 어려운 조손가정이 사각지대에 머무르지 않도록 공공과 민간이 정보를 공유하는 시스템을 마련하였다. 아울러 차상위계층 지원사업에서 조손가정에 완화된 기준을 적용하는 등 변화를 모색 중이다. 안정적 지원을 통한 제도적 개선이 시급하다.

조손가족의 특성에도 불구하고, 조손가족의 특성을 고려한 지원정책과 서비스는 거의 전무한 상황이다. 조손가족은 한부모가족지원법에 의한 한부모가족지원대상자로 저소득 조손가족을 대상으로 손자녀양육지원을 받는다. 조손가구의 특성상 주양육자가 노인이라는 개인적 특성을 고려한 정책적 방안이 마련되어야 한다.

더구나 조부모가 현재 이루어지고 있는 복지서비스를 알고, 찾아야만 신청하는 것은 지원의 정도를 다르게 만든다. 위기상황에 처했지만 복지제도를 잘 알지 못하거나, 찾지 못하는 조손가족에게는 찾아가는 복지서비스의 활성화가 필요하다.

(2) 양육 및 교육 지원

조손가족 실태조사(2022)에 따르면, 조부모가 손자녀 양육을 전적으로 책임지고 있으며, 정서적으로는 손자녀 부모와 친밀하게 느끼지만 실질적인 의사소통은 수월하지 않다고 응답하였다. 이런 측면에서 볼 때 양육 및 교육의 어려움은 있으며 이에 대한 대책이 요구된다. 이에 여성가족부에서는 아이돌보미 사업을 통해 생후 3개월~만 12세 이하 아동을 대상으로 아이돌보미를 가정으로 파견하여 서비스를 제공받는다(여성가족부, 2023b). 그리고 조손가구 손자녀의 부족한 학습능력을 보다 효과적으로 지원할 수 있도록 학습역량에 따라 차별적으로 설계된 학습지도 프로그램이 필요하고, 갈등해소 및 손자녀와의 대화법 교육훈련을 제공하는 것이 필요하다.

(3) 사회적 인식 전환

정부의 노력만으로 조손가정의 어려움은 없어지지 않는다. 조손가족이 특이한 가족, 문제가족이 아니라 특별한 도움이 필요한 다양한 유형의 가족의 하나인 일반가족이라는 시각이 필요하다. 조손가정에 대한 관심과 보살핌은 경제적 지원이나 돌봄 차원이 아니다. 지역사회에서 따뜻한 관심을 가지고 더불어 노력한다면 조손가족도 사회구성원으로서 소속감과 안도감을 가질 수 있다.

생각 더하기 가족다양성(다문화) 이해교육

• 일반 국민을 대상으로 다문화 및 다양한 가족에 대한 이해를 돕고, 포용적 인식을 확산할 수 있도록 지원하는 교육이다.

• 심볼마크 소개
의미 : 가족배경, 가족문화, 양육과 돌봄, 가족경험에 대한 다양성을 표현
형태 : 다양한 가족이 조화롭게 어우러져 함께 살아가는 모습을 타원의 형태로 시각화
색상 : 대표 색상으로 녹색은 조화, 주황은 활력을 상징하며, 회색은 안정 · 신뢰를 의미

• 슬로건 소개
'함께 We(위)하는 세상, 서로를 We(위) 하는 교육'은 서로를 We(위) 하는 교육을 통해 세상 모든 가족이 서로 존중하며 다 함께 행복하게 살아가기 We(위)한 세상을 만들자는 의미를 담음

가족다양성(다문화) 이해교육 홈페이지 '다누리배움터'안내

다누리배움터는 우리 국민의 다문화 수용성을 높이고 서로의 문화를 존중하는 사회 분위기를 조성하기 위해 웹과 모바일을 통한 다양한 다문화이해교육 서비스를 제공한다.

• 다누리배움터 주요서비스
• 대상 별 온라인 다문화이해교육
• 찾아가는 다문화이해교육 안내 및 신청 (다문화이해교육 전문강사 연계)
• 오프라인으로 개설되는 교육 안내 및 신청
• 다문화 인식개선 및 이해교육 관련 각종 자료 제공

출처 : 다누리(https://www.liveinkorea.kr).

12
CHAPTER

아동복지의 과제

1. 아동이 행복한 세상을 위한 아동복지정책
2. 아동을 위한 통합적 지원체계
3. 돌봄 · 양육 지원 강화
4. 다양한 배경의 아동 및 가족에 대한 인식 개선
5. 쉬운 접근성

12 CHAPTER

아동복지의 과제

모든 아동이 행복하고 건강하게 성장할 수 있기 위해서는 아동을 둘러싼 가족, 지역사회, 국가가 다함께 동일한 방향을 향해 나아가야 한다. 2024년 기준 우리나라의 합계출산율은 0.75명으로 역대 최저치를 경신하였다. 아동이 곧 국가의 미래경쟁력이라고 볼 때, 아동 한명 한명이 소중한 권리를 가진 귀한 존재이다. 이에 앞으로 바뀌어야 할 아동복지의 과제를 제시하고자 한다.

1. 아동이 행복한 세상을 위한 아동복지정책

예전의 우리나라 아동복지정책은 학대와 방임으로부터 아동을 보호하는 소극적인 정책이었다. 그러나 지금은 보편적 아동복지의 관점에서 모든 아동이 행복한 삶을 살 수 있도록 지원하기 위한 아동이 행복한 세상을 위한 정책이 마련되어야 한다. 특히 최근 많이 논의되고 있는 긍정심리학에 바탕을 둔 아동의 행복과 놀 권리, 정신건강 등에 대한 관심을 좀 더 가져야 할 것이다.

아동의 삶의 질을 향상시키기 위한 놀이문화 환경 조성, 돌봄보육 지원 확대, 교육복지의 확대 등 여러 가지 실험들에서 보듯이, 아동기 투자는 아동기에만 실익을 거두는 것이 아니라 인생 전반에 걸쳐 지대한 영향을 미친다. 그러나 저출산 · 고령화와 사회 양극화 현상은 우리 사회의 사회복지에 대한 욕구를 증대시켰고, 이에 따라 복지에 대한 투자도 늘어나고 있지만, 아동복지에 대한 투자는 다른 영역에 비해 아직도 많이 부족한 편이다. 2024년도 예산안 및 기금운용계획안 사업설명자료에 따르면 2024년 보건복지 예산은 2023년 대비 12.2% 증가하였고, 사회복지 예산은 13.7% 증가하였으나, 2024년 보건복지부 소관 예산 중 아동 · 청소년 예산은 오히려 약 2조 8,209억 원으로 2023년 2조 8,384억 원 대비 0.62%가 감소하였다(보건복지부 · 여성가족부 · 기획재정부, 2023). 아동 · 청소년이 살기 좋은 사회환경을 구축하는 것이 그 어느 때보다 시급한 국가의 과제가 된 만큼, 모든 아동의 기본권을 보장하기 위한 예산의 적극적 증액이 요구된다.

2. 아동을 위한 통합적 지원체계

아동의 다양한 욕구를 충족시키기 위해서 다양한 서비스를 동시에 제공하는 것은 효율적이다. 특히 복합적인 문제와 다양한 복지욕구를 가진 아동에게는 통합적 서비스 제공이 더욱 필요하다. 그러나 서비스 대상자에게 필요한 모든 서비스를 동시에 공급하는 것이 불가능하고, 이에 대응하는 협력체계의 필요성은 더 높아지고 있다. 그러나 일련의 아동 · 청소년복지 서비스 조직의 협력에 관한 연구 보고에 따르면 조직 간 협력은 미흡한 것으로 짐작할 수 있다(우정자, 2005).

아동복지의 과제는 모든 아동이 건강하게 성장하고 발달할 수 있도록 사회적 지원체계를 만들고 이에 기초하여 아동의 기본적 생활을 보장하고 다양한 욕구를 충족시키고 사회문제를 예방하는 것이다. 이런 측면에서 볼 때, 아동을 위한 맞춤형 서비스는 먼저 아동복지정책의 입안부터 시작하여 현장의 아동복지조직에 이르기까지 민 · 관의 통합적인 협력이 먼저 전제되어야 한다.

부처별 · 기능별로 시행 중인 아동복지정책의 통합과 조정을 하려는 노력이 선행되어야 하고, 공공과 민간의 조화로운 발전을 통해 효율적인 아동복지의 실천이 이루어져야 한다. 구체적으로 말하자면, 현재 지방자치단체별로 다른 아동복지사업에 대한 수혜혜택이 좀 정리될 필요가 있다.

3. 돌봄 · 양육 지원 강화

가족형태의 다양성 증가, 여성의 경제활동 증가 등으로 가족구성이 대가족 중심에서 핵가족 중심으로 변화하고 한부모가족, 다문화가족, 조손가족 등 다양한 유형의 가족이 증가하였다. 이에 따라 가족의 교육 및 양육의 기능이 현저히 약해지면서, 돌봄 · 양육 등 전통적인 가족기능의 상당 부분이 국가와 사회의 책임이 되었다. 이러한 사회적 변화를 고려할 때, 다양한 가족에 대한 양육지원 방안과 일 · 가정 양립 문화의 조성은 아동의 건강한 성장과 발달을 위해 반드시 필요하다. 이를 위해 우리 사회는 취약계층뿐만 아니라, 모든 아동에게 돌봄을 기본적으로 보장하는 돌봄을 실천하고 있다. 여기서 더 나아가 아동에 대한 경제적 지원과 기본돌봄서비스, 기본건강서비스까지 계층 간 차등이 없도록 평등한 돌봄이 사회 안에서 실현돼야 할 것이다.

현재 흩어져있는 동일한 방과후 돌봄기능을 수행하는 기관을 동일한 명칭으로 통합할 필요가 있다. 교육부, 보건복지부, 여성가족부 등 관련 부처에서 비슷한 사업을 중복해서 하는데, 돌봄관련기관 간의 연계와 협력을 위해 통합하거나 조정해야 한다. 부모의 양육역량 강화를 위한 부모교육의 지원도 기본적으로 이루어져야 하며, 아동돌봄을 위해 공백시간을 최소화하려는 노력이 필요하다. 또한 초저출산국가 문제 해결을 위해서도 아동돌봄 확충 및 내실화는 필요하며, 아이돌보미사업에 대한 점검과 개선방안도 요구된다.

4. 다양한 배경의 아동 및 가족에 대한 인식 개선

다양한 배경의 아동에 대한 차별없는 수용 및 존중과 인식 개선이 강화될 필요가 있다. 다양한 배경만큼 그들을 위한 서비스의 형태는 달라야 한다. 따라서 장애아동, 빈곤아동, 난민아동, 다문화 · 한부모 · 조손가족 아동 등 가족의 다양성을 인정하는 교육이 관련 일반인과 전문가들을 대상으로 확대되어야 한다. 또한 사후 사례관리보다는 예방적 차원의 정책과 서비스가 효과가 높을 것이다.

5. 쉬운 접근성

현재 많은 아동복지서비스는 특정 문제를 가진 아동이나 취약계층에게는 접근성이 높지만, 일반아동에게는 상대적으로 제한적이다. 아직까지 아동복지서비스는 주로 취약계층 아동과 그들의 가족에 중점을 두고 있어, 아동복지서비스의 보편적인 접근성을 개선할 필요가 있다. 국민 모두가 지역사회 내에서 필요한 서비스를 쉽게 이용할 수 있도록 하는 것이 바람직하다. 손쉽게 이용할 수 있는 구체적이고 현실적인 방안 마련이 시급하다.

생각 더하기 **실종아동 보호지원서비스**

1. 실종아동 개념
   - 약취, 유인, 유기, 사고 또는 가출하거나 길을 잃는 등의 사유로 보호자로부터 이탈된 아동 등으로. 아동등을 다음을 말한다.
   - 실종 당시 18세 미만 아동
   - 「장애인복지법」제2조의 장애인 중 지적·자폐성·정신 장애인
   - 「치매관리법」제2조 제2호의 치매환자

2. 목적
   - 실종아동등의 발생 예방

단위 : 건

구 분		2018	2019	2020	2021	2022
총 계	접수	42,992	42,390	38,496	41,122	49,287
	해제	42,908	42,251	38,426	40,987	49,219
	미해제	10	11	13	21	99
18세 미만 아동	접수	21,980	21,551	19,146	21,379	26,416
	해제	21,911	21,412	19,054	21,257	26,357
	미해제	1	2	4	5	58
지적·자폐성·정신장애인 (연령불문)	접수	8,881	8,360	7,078	7,166	8,344
	해제	8,873	8,353	7,089	7,168	8,337
	미해제	7	8	6	7	29
치매환자 (연령불문)	접수	12,131	12,479	12,272	12,577	14,527
	해제	12,124	12,486	12,283	12,562	14,525
	미해제	2	1	3	9	12

출처 : e나라지표(경찰청 내부행정자료).

   - 실종아동등의 조속한 발견과 복귀 도모와 복귀 후 사회적응 지원

3. 실종아동 신고접수 및 처리현황

   2018년 42,992건(10.8% 증가) → 2019년 42,390건(1.4% 감소) → 2020년 38,496건(-9.2%) → 2021년 41,122건(+6.8%) → 2022년 49,287건(+19.9%)

4. 실종가족 지원
   - 실종아동 등 찾기물품(현수막, 전단지, 명함 등) 지원
   - 실종가족들이 겪는 심리·정서적 문제 해결을 위한 심리상담 지원
   - 실종아동 등 찾기 활동 및 경제적 지원을 위한 활동비, 의료비 지원
   - 상봉 서비스 지원
   - 장애인 반복 실종 예방을 위한 위치추적단말기 지원

참고문헌

경기도여성가족재단(2021). 경기도 국내 입양체계 개선방안.

교육부(2023). 2023 특수교육 통계.

교육부 · 한국교육개발원(2023). 2023년 간추린 교육통계.

김성경 · 김혜영(2022). 현대사회 아동복지론. 경기 : 양서원.

김 준(2017). 「입양특례법」의 입법영향 분석. 국회입법조사처.

민미희 · 김정민 · 김지현 · 정현심(2022). 아동복지론. 경기 : 파워북.

박은희(2020). 아동학대 피해자 보호에 관한 법적 연구. 동아대학교 대학원 박사학위논문.

보건복지부(2023a). 2023 아동수당 사업안내.

보건복지부(2023b). 아동정책시행계획 수립 · 평가 매뉴얼(2차 개정본)(2020-2024 제2차 아동정책기본계획). 아동권리보장원.

보건복지부(2023c). 2023 드림스타트 사업안내.

보건복지부(2023d). 2023 지역아동센터 지원사업 안내.

보건복지부(2023e). 2023 아동분야사업안내.

보건복지부(2023f). 2022 아동학대 주요통계.

보건복지부(2023g). 2023년도 아동복지시설 현황.

보건복지부(2023h). 2023년 장애인복지 사업안내(Ⅰ)

보건복지부(2023i). 2023년 장애아동 가족지원 사업안내 제Ⅳ권.

보건복지부 보도자료(2021). 2020년 장애인 실태조사 참고자료.

보건복지부 · 아동권리보장원(2022). 2022 아동보호서비스업무매뉴얼.

보건복지부 · 아동권리보장원(2023a). 2023 아동입양실무매뉴얼.

보건복지부 · 아동권리보장원(2023b). 2023 자립지원 업무매뉴얼.

보건복지부 · 여성가족부 · 기획재정부(2023). 2024년도 예산안 및 기금운용계획안 사업설명자료.

보건복지부 · 한국보건사회연구원(2019). 2018 아동종합실태조사.

보건복지부 · 한국보건사회연구원(2020). 2020년 장애인 실태조사.

보건복지부 · 한국보육진흥원(2023). 2023 어린이집 아동학대 예방 및 대응매뉴얼.

성영혜 · 김연진(2002). 아동복지의 이론과 실제. 서울 : 동문사.

세이브더칠드런 · 강남대학교(2020). 조손가족 실태조사 연구보고서.

송정애(2023). 아동복지론. 경기 : 양서원.

아동권리보장원(2022). 2021 가정위탁보호 현황보고서.

여성가족부(2022a). 2022 가족사업안내(Ⅰ).

여성가족부(2022b). 2022 가족사업안내(Ⅱ).

여성가족부(2023a). 2023 한부모가족지원사업 안내.

여성가족부(2023b). 2023 아이돌봄 지원사업 안내.

여성가족부 보도자료(2022). 2021 전국 다문화가족 실태조사.
여유진(2018). 아동빈곤의 현황과 정책과제. **보건복지포럼**, 5(통권 제259호), 25-39.
오미희 · 임영희 · 김윤희 · 이세나 · 강현영(2022). **아동권리와 복지**. 경기 : 파워북.
우정자(2005). 아동 · 청소년복지서비스 조직간 협력에 영향을 미치는 요인에 관한 연구강남대학교 사회복지전문대학원. 박사학위논문.
유호석(2018). 시설보호청소년의 학교적응에 영향을 미치는 요인 : 생태학적 관점을 중심으로. 대전대학교 대학원 박사학위논문.
윤매자 · 권정미 · 김동욱 · 박민지 · 정정란 · 이화명(2023). **아동복지론**. 경기 : 공동체.
이명용 · 김승희(2014). 조손가정 조부모의 손자녀 양육유형에 따른 사회적 지원 방안 모색. **한국가족복지학**, 19(3), 549-572.
이소희(2021). **아동을 위한 우리 모두의 멋진 힘 아동복지**. 경기 : 양서원.
이순자 · 나성식 · 김현경 · 이효숙(2016). **아동복지론**. 경기 : 정민사.
임아름(2019). 빈곤과 아동학대 변화궤적의 역동적 관계 연구. 중앙대학교 대학원 석사학위논문.
장인협 · 오정수(2001). **아동 · 청소년복지론**. 서울 : 서울대학교출판부.
정익중 · 오정수(2021). **아동복지론**. 서울 : 학지사.
통계청(2020). 국회입법조사처 제출자료(2020. 2. 21).
통계청(2023). 장애인 현황, 국가승인통계 제117061호.
통계청 보도자료(2022a) 장래가구추계[시도편] : 2020-2050년.
통계청 보도자료(2022b). 2022 다문화 인구동태 통계.
통계청 보도자료(2023). 2023년 사회조사 결과(복지 · 사회참여 · 여가 · 소득과 소비 · 노동).
하나영(2023). 학대피해아동을 위한 집단프로그램의 효과연구 : 체계적 고찰과 메타분석. 경북대학교 대학원 박사학위논문.
한국보건사회연구원(2022). 2022년 빈곤통계연보.
한국사회보장정보원(2022). 복지사각지대 발굴관리시스템 대상자 실태분석을 통한 지원방안 연구.
한국장애인개발원(2021). 2021 장애인삶 패널조사.
한국장애인개발원(2023). 2023 장애통계연보.
행정안전부(2022). 외국인주민현황조사.
허민숙(2020). 조손가정 지원을 위한 미국의 네비게이터 프로그램 운영사례 및 시사점. 국회입법조사처 현안분석 제134호.

Esping-Andersen, Gøsta, Gallie, Duncan, Hemerijck, Anton & Myles, John(2002). *Why we need a new welfare state*. New York : Oxford University Press.
Fox Harding, L. M.(1991a). The Children Act 1989 in context : Four perspectives in child care law and policy (Ⅰ). *The Journal of Social Welfare and Family Law, 13*(3), 179-193.
Fox Harding, L. M.(1991b). The Children Act 1989 in context : Four perspectives in child care law

and policy (Ⅱ). *The Journal of Social Welfare and Family Law, 13*(4), 285-302.

Kadusin & Martin(1998). Child Welfare Services. N. Y. : Macmillan Publishing., Inc.

Newman, B, M., & Newman, P. R.(2015). *Theories of human development.* Psychology Press.

Zuckerman, E.(1983). *Child welfare.* N.Y. : Thd Free Press.

국가통계포털 https://kosis.kr

드림스타트 https://www.dreamstart.go.kr

아동권리보장원 https://www.ncrc.or.kr

통계청 지표누리 https://kosis.kr

e-나라지표 https://www.index.go.kr

저/자/소/개

■ 최애경

부산대학교 유아교육과(문학사)
부산대학교 대학원 유아교육 전공(교육학석사)
부산대학교 대학원 유아교육 전공(박사수료)
부산대학교 대학원 특수교육 전공(교육학박사)
현재 부산과학기술대학교 사회복지과 교수

아동복지론

|저자| 최애경

|1판 1쇄| 발행 2024년 2월 20일
|1판 2쇄| 발행 2025년 1월 10일
|1판 3쇄| 발행 2025년 3월 10일

|발행인| 김동훈
|발행처| 공동체

|주소| 경기도 고양시 일산동구 호수로 358-39, 동문타워 1차 905호(백석동)
|전화| 031)814-3000(대표)
|팩스| 031)814-3100
|홈페이지| http://www.compub.co.kr
|전자우편| compub@naver.com
|출판등록| 2005년 10월 6일
|등록번호| 제396-2005-36호

|ISBN| 979-11-6725-580-8
정가 18,000원